T0104424

CAVILANDO

Miguel Sanfiel

Compre este libro en línea visitando www.trafford.com
o por correo electrónico escribiendo a orders@trafford.com

La gran mayoría de los títulos de Trafford Publishing también están disponibles en las principales tiendas de libros en línea.

Información sobre impresión disponible en la última página.

ISBN: 978-1-4907-7745-0 (tapa blanda)
ISBN: 978-1-4907-7747-4 (tapa dura)
ISBN: 978-1-4907-7746-7 (libro electrónico)

Numero de la Libreria del Congreso: 2016916122

Trafford rev. 10/31/2016

www.trafford.com

Para Norteamérica y el mundo entero
llamadas sin cargo: 1 888 232 4444 (USA & Canadá)
fax: 812 355 4082

UN BUEN LIBRO RESTAURA,

LA EROSIÓN QUE PRODUCEN

EN UN ALMA, LAS DESILUSIONES

DE LA VIDA... ¡Y LOS MALOS

LIBROS!

DEDICATORIA

☞ A mis hijos, porque ellos merecen todo mi esfuerzo; y porque en mucho me han sido fuente de inspiración.

☞ A mis difuntos padres, porque de ellos nací como soy, y de ellos heredé las virtudes que pudiera tener.

☞ A todos aquellos que leerán este libro, porque me habrán hecho el honor de dejarme entrar en sus vidas, y porque, deséenlo o no, ya soy parte contable de sus experiencias.

NOTA NOTABLE

Por Luís Ángel Casas

El hombre incapaz de albergar buenos pensamientos en su cabeza, es incapaz de albergar buenos sentimientos en su corazón.

Pensar es una manera de sentir, como sentir es una manera de pensar. Por eso, pensar, sentir y hablar, son las tres formas superiores de ser. Y por eso, también, el duque de Rivas señaló cuales son las tres cualidades indispensables de un poeta, un escritor, y, en general, de cuantos usan y usen la palabra como medio de expresión: "Pensar alto, sentir hondo y hablar claro".

Alto piensa, hondo siente y claro habla Gulemi Finlesa en este libro suyo que hoy reedita Miguel Sanfiel, anagrama del nombre de ese pensador oculto que todos llevamos dentro.

El lector tiene en sus manos un libro -CAVILANDO- que piensa, aforisma y reflexiona como se debe pensar, aforismar y reflexionar: Con altura en el pensamiento, hondura en el sentimiento y claridad en la expresión, sin excluir la gracia de algún que otro neologismo que resulte oportuno.

El 14 de mayo de 1962, en La Habana, escribí este soneto:

LA ARAÑA TEJE SIN TELAR EL VIENTO

La araña teje sin telar el viento,

y se detiene a contemplar su obra.
Nada le falta allí. Nada le sobra.
Es la tela fugaz del pensamiento.
Y cuando el péndulo sin movimiento
su movimiento súbito recobra,
ante mi vista incrédula se obra
el milagro sutil del sentimiento.
Pensar, sentir, es la intangible llave
para abrir y cerrar lo que se sabe
y atar a Ariadna con su propio hilo.
Porque, para vencer al Minotauro,
una ayuda me basta: ¡y es mi lauro!
Pensar, sentir, volver. ¡Y estoy tranquilo!

Y hoy trascribo aquí este soneto, porque así me siento después de leer este libro de Miguel Sanfiel.

Luis Ángel Casas

Miami, Florida. 13 de feb. 2011.

Amigo Sanfiel:

Aunque avanzo con miedo, y a veces siento que es demasiado inmenso el universo; quiero hacer una pausa para saborear tu libro. Entonces me enfrento a un intelecto que no conoce fronteras, solo los límites de un Cristo o un Martí, y los asume como derrotero.

He viajado largamente y en ocasiones mi conciencia duda y se resiste, pero ante tu bondad no puede haber segundas intenciones. Veo que eres un hombre de trabajo y familia. Hombre de fe.

Siempre estaré de parte de la justicia, y la mentira será mi enemiga. Me gustan tus pensamientos, aunque en algunas instancias requieren de alto vuelo y me agotan un poco. ¡Pero es la fatiga que siente aquel que escala montañas!

¿Quién soy? Alguien que camina palpitando con un optimismo transigente y para mí necesario. No quisiera que fuera así. ¡Es que la luz encandila nuestra visión! Pido perdón.

Fue un gusto estar contigo. Continuaré con la lectura de tu libro, el cual me inspira. Tu vida, ejemplo y calidad del texto hacen que me tome especial interés en recorrer sus páginas asimilándolas lentamente.

Te extiendo mi mano como tú me la extendiste a mí: Amigos.

Zabdiel Calvo.

INTRODUCCIÓN

Este libro no sigue un orden predeterminado de temas. Los temas fueron sucediéndose al azar. Por eso, el lector ha de encontrar prosa y poesía, aforismos, chistes, fragmentos de escritos...porque he querido dar a luz este libro tal cual soy: prosa, poesía, humor, tragedia. También soy retazos de los hombres ilustres a quienes admiro.

Este libro es un hijo mío que está quizás un tanto pálido, un tanto flaco, un tanto vacilante en el andar, pero como buen padre he de llevarlo a donde vaya con el orgullo del que exhibe un diamante en su corbata. Si la crítica me es adversa, entonces he de cargar a este, mi hijo macilento, hasta el recinto donde está mi buró de trabajo, y allí, con la solemnidad del que entierra su corazón partido, he de depositarlo en una gaveta, acompañado con un beso y la angustiosa frase de despedida: "Descansa en paz".

Yo quiero ofrecer al mundo mi poquito de luz, pues cada luz que se enciende es un soldado que pierde el ejército de las tinieblas. Tú que vas a leer mis líricas y reflexiones, se sabio y di conmigo:

No es la espina de la rosa

una creación alevosa

para fastidio y dolor.

Es la divina advertencia

que nos indica prudencia

¡aun al tomar una flor!

Las cosas que encuentres en este libro que no te ayuden a ascender, deséchalas como desechas la cáscara del huevo...camina conmigo, ¡pero no en mi zapatos!

Yo te amo quienquiera que tú seas, porque tú eres mi hermano de creación, y mi compañero de viaje.

Si alguien te dice alguna vez que eres absolutamente pequeño ¡no lo creas! Busca la verdad y síguela: el tino hace el destino, ¡y tu destino debe ser luminoso y espléndido!

Estoy convencido que el deber de cada criatura en la tierra, es hacer la tarea que le fue asignada por El Creador: no espero ver serpientes volando, monos que hablen, ni limonero produciendo uvas, pero sí espero que las personas nos comportemos en maneras apropiadas a nuestra inteligencia y habilidades.

Los hombres que sólo desean casas bonitas, posiciones de alto liderazgo o grandes cuentas bancarias, no están siguiendo la ley de Dios.

Cuando un hombre no se conmueve por el sufrimiento de otros; cuando el rico se olvida de los que tienen que arañar la tierra en busca de alimentos; cuando el que está saludable no siente piedad por los enfermos; cuando en resumen, la meta soy yo, el camino soy yo, y los medio los defino yo, el hombre baja a la categoría de bestia hablante.

El hombre es más que una estructura de huesos y pellejo con una supe desarrollada corteza cerebral..."sed perfectos, como vuestro Padre Dios es perfecto" dijo Jesús.

Creo en el hombre como ser humano, es decir: No raza, no país, no estado social, no nivel de inteligencia. Un ser humano es un ser humano, sin importar su origen o sus logros.

También creo en la libertad, y detesto el abuso de la libertad. Creo que todos los hombres hemos sido creados iguales pero que tenemos el derecho a la diferenciación. Creo que los dictadores y políticos inescrupulosos, son el cáncer de nuestra sociedad; y que la sociedad merece lo que recibe, porque ella es más crédula en política que en religión, y más devota a los hombres que a Dios.

Creo en la actividad y en la ciencia. Creo que es deber del hombre usar del mundo y transformarlo constantemente. Creo que ser "natural y directo" es la suprema obediencia a Dios. Creo que nuestra misión en la vida, y para la eternidad, es "definirnos" y actuar en concordancia con esa definición. Creo que Dios, después de mi inhumación y corrupción total, ha de restaurarme tal cual soy, y juzgarme de acuerdo a mis "hechos y deseos aprobados".

Creo que la culpa viene del conocimiento; que hay ciertos conocimientos generales y axiomáticos, y que fuera de esos conocimientos, cada cual hallará su defensa o su aguijón en su capacidad para pensar y sentir. Creo en fin, que no puede haber una ley uniforme para un universo disímil, y que si alguna ley hay, no ha de ser otra que LA LEY DEL AMOR.

Este libro ha sido escrito como la gallina pone el huevo: con dolor, pero con naturalidad. No he rebuscado palabras, ni he expresado ideas falseadas. Si el espíritu se pudiera plasmar en el papel, como lo hace el pintor, aquí estaría yo de cuerpo entero: Feo o hermoso, pero como soy: sin maquillaje para ocultar la piel reseca; sin peluca para aparentar algo que no tengo; sin traje majestuoso para aparecer regio y encumbrado.

He sufrido mucho pero no me quejo, porque pienso que mi dolor ha sido, en su mayor parte, creación de mí mismo. Bien pudiera decir con Amado Nervo:

"Que yo fui el arquitecto de mi propio destino.

Que si extraje las mieles o la hiel de las cosas,

fue porque en ellas puse hiel o mieles sabrosas.

¡Cuando sembré rosales, coseché siempre rosas!"

Amigo lector, he aquí Miguel Sanfiel, hombre casado por más de cuarenta y ocho años, de 78 años de edad, trabajador social retirado, egresado de la Universidad Saint Thomas, exilado político, cristiano, martiano, desafecto al comunismo y a toda idea absolutista; viviendo en un barrio de la clase media en los Estados Unidos de Norteamérica; Republicano desapasionado (casi Demócrata o Independiente). Admirador de Martí, Lincoln, y Gandhi entre otros; anti aborcionista -con muy pocas excepciones- aborrecedor de las drogas y todo vicio que limite y esclavice al hombre. No defensor de la pena capital, ni del capital con pena. Amador de todas las artes, de todas las ciencias, de la música hermosa -popular y clásica- firme creyente en el poder del trabajo, del orden y de la previsión. Adverso a la violencia, el fanatismo, la vagancia y al derroche de los recursos humanos y naturales. Apasionado de la justicia, del cumplimiento del deber -particular y colectivo- y en fin, uno más de los millones de individuos, que no tiene por qué avergonzarse de haber nacido, y que por mucho o por poco, contribuye al equilibrio y el bienestar del mundo.

Amigo lector, ya sabes mucho de mí -el ave se conoce por el plumaje, por la comida que come, y por el bando en que anda-. El ser humano se identifica por las causas que defiende, los hombres que venera, y por su relación con el Creador.

Si lo antes dicho me hace atractivo a ti, sabe que te acepto como amigo y hermano, pues más liga el pensamiento que el nacimiento. Si lo que de mí sabes a través de estas páginas introductorias, te causa desasosiego o fastidio, entonces te pido en el nombre del Sublime Arquitecto del Universo, que hagas un alto en tus actividades y reexamines tus valores y la meta central de tu vida. Puedo asegurarte que no será un tiempo perdido, ni tu futuro una sucesión de acciones y reacciones, ante estímulos afectivos o racionales que no siguen una meta ideal, ni se sujetan a una voluntad mayor que la propia. "La vida es más que el alimento, y el cuerpo que el vestido" sentenció el divino Jesús.

La vida no es tener dinero; no es ostentar títulos universitarios; no es hacer lo que uno quiera a la hora que quiera; no es tener la casa, o el carro, o el cuerpo, o la pareja más bella del vecindario. La vida no es ser famoso, artístico o brillante. La vida es: sentirse y ser limpio; amar y ser amado, reír con los que ríen, llorar con los que lloran; ser parte sintónica con la Divinidad Germinadora, y voluntariamente someterse a ella.

La vida es poder decir con la mística poetisa:

"No me mueve mi Dios para quererte

el cielo que me tienes prometido..."

....

"No me tienes que dar porque te quiera,

porque si lo que espero, no esperara,

lo mismo que te quiero, te quisiera"

Miguel Sanfiel

Miami, Florida

Octubre de 2016.

- "NO TENGO MIEDO". "YO PUEDO", DEBIAN SER LAS CINCO PRIMERAS PALABRAS QUE APRENDIERA LA CRIATURA HUMANA.

- LA SABIDURIA, EN DEFINITIVA, CONSISTE EN RECONOCER NUESTRAS PROPIAS LIMITACIONES; Y EN HACER USO HONRADO DE LO POCO QUE SABEMOS ¡O CREEMOS SABER!

PENSAMIENTOS, AFORISMOS Y REFLEXIONES.

No soy optimista, pero quiero ser optimista, y pienso que eso, en sí, es ya un triunfo -si quizás limitado- del optimismo. El optimismo para ser efectivo y grandioso debe ir acompañado de la decisión, el planeamiento, y la acción; y con esa clase de optimismo se triunfa y se avanza. Pero el optimista que piensa que todo saldrá bien, aún cuando no esté preparado o preparándose, para mí no es un optimista: ¡es un iluso!

<>

Para ti neurótico: cuando pienses tomarte demasiado en serio, considera cuánto sabes de Sócrates, de César, de Napoleón, de Washington, de Einstein, o del presidente de Australia: ¿quién es éste último? ¿Dónde nació? ¿Qué ha hecho? Y si tan poco sabes de los grandes del mundo, considera esto: ¿quién va a estar ponderando tu vida y embalsamándote para la historia? Preocúpate de lo que pienses "tú" de ti mismo, y de lo que sabe Dios; todo lo demás es, por seguro, vano e intranscendente.

<>

No hay fraternidad posible entre el bien y el mal; como no hay convergencia posible entre la luz y las tinieblas: Las dos se excluyen mutuamente.

Cuando honramos a estos hombres y mujeres hoy aquí, no estamos pensando en "perfección", ni estamos endorsando errores que alguno de ellos pudiera haber cometido durante sus largas vidas llenas de actividades, retos, tentaciones, y las flaquezas que todos sufrimos, como humanos que somos. El único que nunca se equivoca, es aquél que nunca hace nada: ¡aunque tal vez sea el mayor equivocado…!

Nosotros concordamos plenamente con el apóstol de nuestra patria cuando expresó, con su palabra de iluminado: "Los hombres no pueden ser más perfectos que el sol; el sol tiene manchas. Los desagradecidos no hablan más que de las manchas; los agradecidos hablan de la luz"

<>

En política, como en todo, lo repudiable no está en cometer ciertos errores de cálculo, sino en cerrar los ojos y oídos a las evidencias que nos presenta la razón, y permanecer fieles a lo nocivo, sin más medida para juzgar lo que hacemos, que el beneficio personal o el miedo al precio que tengamos que pagar por el derecho a ser honrados.

<>

Si te sientes a gusto con el malvado: o eres malvado tú mismo, o estás severamente despistado y necesitas cuidado rápido e intensivo.

<>

Quien comparte una idea es responsable moral de sus consecuencias, aunque no intervenga directamente en su desarrollo o afianzamiento; pues dadas las circunstancias propicias estaría en el bando donde esa idea prospere, y, por lo tanto, es cómplice y coadjutor espiritual.

<>

No hay que estar equivocado todo el tiempo para poder equivocarse alguna vez ¡y es sólo de sabio el aceptarlo!

<>

Sólo es extraordinario el hombre que hace cosas extraordinarias. Los demás son reflejos, relámpagos, espejismos humanos que llevan la apariencia de grandeza.

<>

No todo lo que se apetece es bueno, ni todo lo que choca a los sentidos es malo. Aprende temprano a hacer la distinción, y tendrás una vida más abundante y feliz.

<>

Cuando tú luchas contra lo malo, y parte o todo de lo malo persiste, eso es lo que Dios permite. Cuando tú dejas que lo malo prospere, sin ponerle resistencia o prestándole ayuda, por remota que sea, ¡eso eses lo que "tú" permites!

<>

Así como palpita el corazón y respiran los pulmones en todo ser viviente; así cada individuo humano trae consigo una cuota de fe, la cual sólo cesa cuando muere o cuando decide, por acto voluntario, hacerla inefectiva...

Pídele a la vida todo lo que quieras, y la vida te lo dará, si sólo pones tú la diligencia necesaria en alcanzarlo: la madre provee el pezón: el niño chupa.

<>

Por cada derecho, un deber. ¡Por cada derecho exigido, un deber cumplido!

<>

Por experiencia lo tengo sabido: todo el que piensa que el alimento suficiente y adecuado no es necesario para una vida plena, ¡es porque lleva la barriga llena!

<>

Yo sólo confío en lo que engendra luz o la busca; en el que ama y levanta. En todo lo demás aplico ese refrán que dice: "bueno es confiar, pero mejor es desconfiar.

<>

La verdad es madre de la justicia; y cuando esa madre se corrompe, el fruto sale monstruoso y se torna, más que en fruto, en espina punzante y venenosa.

<>

Lo sucio se limpia con agua clara, y no con la turbia y podrida. Eso debieran de saberlo los políticos de hoy.

<>

Donde está la bendición, está la devoción: El ser humano -y de hecho todo ser viviente- no se mueve sino por el interés.

Aquello que no llena una necesidad, se desecha y abandona pronto.

<>

El ser humano no puede vivir sin fe. Quien no cree en Dios, cree en sus criaturas; o cree simplemente que no cree, y existe entonces vacío y desajustado; y viene a ser para la comunidad en que radica, como esas columnas ornamentales en ciertos edificios, que no sustentan, y que en fin son sólo una apariencia de la cosa real y verdadera.

<>

La medida de un hombre son sus hechos. La palabra es sólo una vía para el acto, el logro, la creación.

<>

Después que hicieres lo que puedes: ¡acepta la vida cual viniere!

<>

Todos tenemos los mismos derechos, siempre y cuando -y bajos circunstancias iguales- hayamos cumplido con los mismos deberes.

<>

El camino de la mentira no lleva -por largo y laborioso que sea el recorrido, por brillante y osado que sea el caminante- al reino plácido de la felicidad interior o social. La mentira desvía y empequeñece; corrompe y mata.

Creen los hombres que van bien cuando van prósperos; sin percatarse de que la prosperidad no es más que una de las caras de la fortuna; y que la verdadera fortuna está en ser honesto y fuerte.

<>

Hijo no es objeto propio. ni materia plástica, a la cual podamos dar antojadiza forma sin consultar a nadie. Hijo es ente particular, ¡y deber supremo de los padres! Mas, padre no es tampoco marioneta divertida en las manos filiales, sino tutor generoso y enérgico, con algo de Führer, y mucho de camarada.

<>

El sexo en la vida humana no tiene una sola función, como se piensa a menudo, sino varias: conduce a la felicidad del enamoramiento; asegura la reproducción; suaviza la vida en común; insta al esfuerzo sistemático, ¡y hasta promete seguridad en la vejez! Sexo es la parte de nuestra criatura animal, que sin ser fea ni hermosa, es necesaria y respetable.

<>

Está perdida una nación de muchos retóricos y pocos agricultores. La agricultura es la cornucopia de todas las abundancias. Es invencible, en el orden económico, un pueblo de agricultores científicos.

<>

Un hombre sin ideales, es una batalla perdida.

No debiera de ser aceptado en la política de ningún país, partido alguno, que no obstante en su programa de acción, el incremento de la agricultura.

<>

Induciéndome un amigo a que me amistara con una infiel, "porque no había otras mozas en el lugar", le protesté: "Tiene baja moral", a lo que él respondió: “Cuando no hay perro, se montea con gato". Entonces le dije: "Sí, ¡pero no con tigre!”

<>

Todo lo que hace el amor es justo; y si fuese cosa muy objetable, por lo menos es justificable.

<>

"La inteligencia propone, y el corazón dispone”. ¡Y las más de las veces, el corazón propone y dispone.

<>

La libertad es una abstracción ridícula, si se la quiere tomar como una verdad absoluta. Toda libertad es relativa.

<>

Adaptarse, las más de las veces, es una necesidad y un deber. En algunas otras ocasiones, es una debilidad, ¡y es un crimen!

Dios no es el último recurso de las almas débiles o soñadoras, sino la verdad primera que evidencia el espíritu generoso y natural.

<>

No se puede ser mal ciudadano y ser buen padre; pues la mejor fortuna que deja un padre a un hijo, es el ejemplo de una vida generosa y honrada.

<>

Los pueblos nunca "aprenderán la lección", porque los pueblos, como los ríos, son siempre los mismos ríos, ¡pero siempre con diferentes aguas!

<>

Estoy siempre de parte de la justicia; y no sólo porque es hermosa, sino también, porque no sé en qué momento de mi historia, he de necesitar invocarla, y tenerla a ella de defensora y aliada.

<>

No triunfa una nación que pierde en las aulas: una mala escuela, son muchos malos ciudadanos.

<>

Machacando se muele el café; persistiendo se ejerce la fe.

Los enemigos de la libertad deben tener los mismos derechos y privilegios…que las bacterias que causan enfermedades mortales.

<>

A los enemigos de la libertad, los hombres libres deben quitarle aquellos derechos que ellos sueñan ¡y hasta mueren! por arrebatarnos.

<>

Cuando la economía y el sexo andan bien, ¡hasta los más indolentes sonríen!

<>

Un pobre y vago, es una desgracia al cuadrado.

<>

La mujer muy criticona de la moralidad de otra, usualmente la envidia, pero no se atreve…

<>

Un buen amigo es como la miel de abeja: que ni el tiempo, ni las condiciones adversas lo corrompen.

<>

La fuerza no debe ser más que una de las herramientas de la justicia, como la arena es sólo uno de los elementos del concreto: ¡La fuerza es perversa si rige por fuerza!

Los pueblos se nutren de sus mártires, como los árboles de sus hojas muertas.

<>

El tiempo y los malos hábitos son los mejores aliados de la muerte.

<>

La persona productiva es ésta: La que planta la simiente aunque el pronóstico de los otros, augure pérdida.

<>

Casi siempre cuando me he rendido, la victoria ha estado al doblar de la esquina, y no la logré por cansancio o poca fe. En la vida hay una palabra clave, y ella es: persistir.

<>

La envidia corrompe más que la necesidad.

<>

La mucha libertad no es buena para todos, ni para todo.

<>

El mal camino, conduce al mal destino.

<>

Lo bueno de lo malo, es que no es eterno.

Las grandes obras nacen de los grandes dolores, o de las grandes pasiones, pues ellos son los que engendran la energía y la dedicación indispensables para la consecución de cosas extraordinarias.

<>

Siempre, y en todo, hay uno que puede más que tú, y uno que puede menos; por lo tanto, no seas nunca apocado ni vanidoso.

<>

Las repúblicas deben fundarse sobre la noción de que los derechos de sus ciudadanos están en relación directa y estrecha con el cumplimiento de sus deberes, o la magnitud de sus limitaciones.

<>

El hijo que no obedece, es tan tonto como el padre que no respeta.

<>

El buen agricultor: siembra, riega, abona, y fumiga. El buen padre: instruye, provee, da ejemplo, e inicia...

<>

La amistad, aun cuando cueste cara, sale barata. La discordia, aun cuando fácil y justificada, es gravosa y de alto riesgo.

Nada prevalece... ¡ante fuerzas mayores!

<>

No logra el que quiere, sino el que intenta por caminos adecuados, ¡y con las herramientas necesarias!

<>

Dondequiera que hay un alelado: ¡surge un aprovechado!

<>

¿No sabes acaso que lo que empieza mal acaba mal? Si haces una casa sin cimientos, aunque le pongas las ventanas de oro, estará destinada a caerse y ser grande su ruina.

<>

Como un barco sin timón o sin timonel, así es el hombre que no se fija metas.

<>

Quien aspira poco, prospera poco; y más vale el árbol sin fruto que aquel cuyo fruto se pudre o cae antes de sazonar, porque ha despertado esperanzas que luego no cumplió.

<>

Del abortivo se dice poco, pero del desatinado, lo que se dice es para su vergüenza y ofensa.

Nadie va al pozo seco; y si alguno va, por error lo hace, y su tiempo y esfuerzo son en vano.

<>

El tonto habla con sus actos y el sabio también; y los dos son prontamente evidenciados.

<>

No te juntes con el malvado, pues te haces cómplice no sólo de lo que hace, sino también de lo que pueda hacer.

<>

El hijo que no oye al padre sabio, vergüenza es para él, y látigo y cuchillo para sí mismo.

<>

Créense industrias, fortifíquense plazas, desarróllese la cultura, pero el amor y la fe en Dios son las únicas vías de salvación de los pueblos.

<>

Duele la sonrisa cínica como una bofetada en pleno rostro; y aquel que no se empeña en ser sincero, no es bueno ni es honesto. La honestidad es vida, es fragancia, es belleza. La picardía es la fruta podrida del árbol malo.

Donde un apático triunfa, ningún apasionado combate: ¡La pasión es la primera ley del triunfo!

Si estamos con el pensamiento cristiano de que "quien no es conmigo, contra mí es”, comprenderemos sin mucho esfuerzo de la imaginación, que "enemigo de la humanidad es todo aquel que no la ayuda a salvarse" -como también él dijera.

<>

Al genio no hay que enseñarle las cosas: él las aprende de la naturaleza y las arrebata de las interrelaciones de los elementos constituyentes de los mundos o pueblos.

<>

La genialidad viene de una especial disposición del cerebro para captar determinadas emanaciones del mundo ultra visible; así como la vista viene de la facultad del ojo para absorber convenientemente los rayos de luz.

Puede haber un genio esforzado, pero la genialidad no nace del esfuerzo, es un regalo de Dios ¡Bienaventurado aquél que lo usa bien; que avalúa y agradece ese regalo, que es más precioso que el oro refinado!

<>

Quien no es útil, no sólo es inútil, sino también pernicioso: todo el que nace a esta vida, afecta esta vida para bien o para mal, para costo o para provecho.

<>

Las religiones, las literaturas, las filosofías, nada son si no sienten palpitar en su seno, como la hembra encinta, las realidades de la vida práctica.

La fuerza es necesaria a la justicia, como la libertad es necesaria a la paz.

<>

Todos los que son aduladores en el servicio, se tornan tiránicos en el poder: es una ley constante de compensación, es una realidad diaria.

<>

El trabajo podrá ser fatiga ¡pero la pereza es muerte!

<>

Hijo, se como los cocos en sazón: dura las capas exteriores, pero por dentro el agua fresca y cristalina ¡y blanco el corazón! -cuando dije "duro", implico "firme", no "impenetrable o huraño" que son vicios y debilidades del carácter-

<>

Yo no quiero morir pensando en mí, acarreando sólo para mí, siendo yo mi universo y mi dios…¡Qué maravilloso Beethoven que componía sus sinfonías aun sin poder escucharlas!

<>

Así como sería una estupidez cargar un asno con la carga de un elefante; así es ridículo exigir al pueblo las virtudes de los santos.

Más generosos que los que levantan al caído, son aquellos que le indican a tiempo dónde está el mal, y el modo de evitarlo.

<>

Un vicio no es más que una substitución, un refugio, un modo ridículo y cobarde de encarar nuestros conflictos y limitaciones

<>

Todo vicioso es, y fue antes que vicioso, un enfermo del alma.

<>

El ideal por dentro; pero por fuera, la coraza contra el mal, pues aunque ames a los hombres, no vas a dejar la puerta abierta para que entre el saqueador, y te despoje o mate.

<>

Ningún mal se conjura temiéndolo: muchos lo suelen ser, combatiéndolos.

<>

Orden y libertad: palabras fraternas y rivales.

<>

La oposición no mata, fortalece. La disciplina es una oposición a la libertad, pero la afirma y resguarda.

La libertad sin la disciplina se reblandece, corrompe, y se vuelve libertinaje y vicio.

<>

¡Ay de los que relamen sus llagas sin importarle las ajenas! ¡Ay de los egocéntricos; de los esclavos del placer; de los eternos fugitivos del dolor! ¡Ay de los que todo lo quieren "aquí" y "ahora"!

<>

Nadie tiene derecho a aspirar a aquello, para lo cual no ha trabajado, ya sea en el orden físico, espiritual o social.

<>

Es como el burro flautista, todo aquel que no es como la hormiga previsora.

<>

Escribir no ha de ser cosa de confesar emociones o crear personajes de ensueño; escribir es misión; es aclarar conceptos; es abrir nuevas vías a las ansias perpetuas del hombre de saber y ascender.

<>

Siempre las manos que no se juntaron para el sacrificio, se juntaron para el crimen -o por lo menos para la indiferencia cómplice- pues "ver un crimen en silencio, es cometerlo" según el pensamiento martiano, y el mío propio.

Triunfas tú cuando ayudas a triunfar al prójimo.

<>

El abono del acto es la persistencia en la idea. Como dijo, creo que Emerson: “El hombre es lo que piensa todo el tiempo”.

<>

Siempre y en todo ¿quiénes son los que más piden, sino los que menos dan?

<>

No creo que "todo lo que pasa conviene" ni que Dios anda como un lacayo sirviendo nuestros deseos, pidámoselo o no.

<>

En cívica como en agricultura, la cuestión no está en preconizar el fruto, sino en sembrar la simiente y regar, sanear y fertilizar el campo.

<>

Por haber tantos ignorantes que escriben, hay tantos ignorantes que padecen. En este siglo, antes de editarse un libro, debiera exigírsele a su autor el suscribir un juramento que lo obligue a demostrar públicamente, si necesario fuese, todo lo que dice en él.

Hay enemigos útiles: ¡aquéllos que nos motivan a capacitarnos para vencerlos!

<>

No es: "Ama y haz lo que quieras" -como decía San Agustín; sino: "Respeta y has todo el bien que puedas" como sugiero yo.

<>

Quiero vivir en paz con Dios y con los hombres; por eso estoy aprendiendo a vivir en paz conmigo. Un alma que está en guerra consigo, no puede, digo: “no puede”, estar en armonía con Dios o con su medio circundante.

<>

El dolor hace despertar ciertas fuerzas que normalmente duermen en el ser humano. En unos, esas fuerzas despiertas ya, emprenden una vertiginosa carrera que lleva el alma a la desesperación y al abismo. En otros, se enfilan y fraternizan de tal modo, que sirven para las labores de ascensión y redención.

<>

En este vasto universo en dondequiera que pongas el pie, sea bajando simas o escalando cumbres, hallarás compañeros de viaje; ¡y esto, para aquél que va camino del bien, es un gozo inefable!

Quién teme la prueba, desconfía del resultado. Quién está convencido de que sabe o puede algo, no siente angustia por tener que demostrarlo.

<>

El amor es el nivel de las aguas del espíritu humano: de ahí para abajo se cuentan los menos (-); de ahí para arriba, se cuentan los más (+).

<>

Las gentes visten aun a sus más inexcusables apetitos y egoísmos, con la divina apariencia de lo lógico y lo natural, y así pretenden legitimarlos ante sí propio y ante el mundo, y no les place que exista otra verdad.

<>

Se combate también contra el enemigo no siéndole útil. Las más de las veces, no ser útil a algo, es ya una forma efectiva de oposición y rebeldía; es la temible "resistencia pasiva", que es tan fuerte, aunque no tan dramática, como la resistencia activa, pero con la ventaja de que no es tan obvia y frontal, y todos (¡hasta los débiles!) podemos ejercerla.

<>

Ese famoso Vargas Vila dijo: "Si te sobra el alimento, arrójalo al viento, nunca des de comer al hambriento". Este hombre debía haber gritado, como los leprosos de la edad antigua, cada vez que encontraba alguien a su paso: "inmundo", "inmundo".

Los enemigos de los pueblos, gustan de los ciudadanos que piensan sólo en sí mismos; porque éstos, a la corta o a la larga, de una manera o de otra, se le vuelven siempre aliados.

<>

Con la verdad, los sistemas opresores tienen que hacer como el hombre que intentara mantener un topo bajo tierra: ¡siempre ha de estarle tapando nuevas vías!

<>

Vargas Vila decía: "La bondad es un veneno, el peor de los venenos; no seas bueno, no seas bueno; no seas bueno". Después de esta frase ¿qué más podría él decir a nuestras juventudes?

<>.

¡Hasta los débiles triunfan!: si son constantes.

<>

Las grandes ideas son como las mujeres hermosas: cautivan aunque la madre sea ramera. Las ideas no debieran juzgarse por el cerebro que las dicta, sino por el resultado que proponen; pero las ideas, como los virus, han de tratarse con suma cautela, y suma prudencia.

<>

Resulta difícil dar con un buen gobernante político; porque un buen gobernante debe ser hombre de gran paciencia y energía; lo cual es paradójico en un mismo espíritu:

paciencia, para ver los problemas y no actuar hasta llegado el momento oportuno; y energía, para actuar llegado el momento.

<>

La armonía, es la pedagogía de la naturaleza.

<>

Sólo los tontos o los desesperados se enfrascan en batallas desiguales; el sabio, o el que puede esperar, mide las armas primero, lanza su grito de guerra después.

<>

El que lucha, debe luchar con una meta: triunfar; y el triunfo no lo logra el deseo, sino la superioridad, sea ésta mental, espiritual, o física. Luchar, contando con la suerte como arma pesada, es un indicio de pobreza intelectual y de poca cordura.

<>

Las religiones tienen dos futuros: o atacan, gobiernan, y dan solución a los problemas urgentes y materiales, o perecen aplastadas por aquellos que a sus espaldas les den solución.

<>

Yo no veo otra manera para la entronización del Anticristo, que no sea un caos socio-económico que le sirva de pretexto y caldo de cultivo para su obra de destrucción y de maldad. Los pueblos se sentirán tan confusos y desesperados ante problemas tales como: la homosexualidad, el crimen, la drogadicción, las presiones económicas, la desintegración de la familia, y la contaminación del medio ambiente, que darán su aprobación y apoyo, a la figura aquella que prometa -ya con palabras seductoras, ya con logros evidentes- sacarlos del marasmo y guiarlos a un mundo de orden y bienestar. Después…ya sabemos, las manos que se hicieron dadivosas para que las pusieran a celar el tesoro, comenzarán su obra de despojo, ¿y quién podrá detenerlas? ¡Sólo el juicio final; sólo la intervención oportuna de Dios!

<>

Los odios son feos en todos, e inexcusables en intolerables en un líder o gobernante político.

<>

"Tengo por costumbre no pensar mal de los hombres hasta no tener prueba de ello; y desconfiar de ellos aunque me conste que son santos". Quien así dijo fue Varela ¡ese cubano sabía mucho...!

<>

Acabar la obra de los que se sacrificaron por ella, es el mejor medio de amarlos y honrarlos bien.

<>

La mentira es el recurso de los débiles y el paladión de los desajustados y egoístas. Los grandes mentirosos han sido siempre los "grandes canallas" como Adolfo Hitler y Fidel

Castro. Quién más se acerca a la verdad, es el más fuerte, y el más equilibrado.

<>

Se combate para la honra o para la victoria. El que combate para la honra y el servicio, es el heroico. El que combate para la victoria y el poder, es el ambicioso. Del primero tenemos como ejemplo a Washington; del segundo tenemos como ejemplo a Hitler, y cientos más de "grandes personalidades" que están clavadas allí en nuestra historia universal como espinas podridas y malsanas.

<>

La bondad no da derecho a la imprudencia: También los buenos deben ser cautelosos. "Sed mansos como palomas, y astutos como serpientes" -instó Jesús a sus discípulos-.

<>

No disputes al perro sus costumbres, ni las imites. No camines con el impío, ni lo alabes. No trasmutes fronteras que por Dios fueron puestas, pues de nada de esto has de salir ileso.

<>

En los pueblos, como en las selvas, está la serpiente que se arrastra y el vampiro que vuela: la maldad habita en los círculos bajos, y en las altas esferas.

Un hombre puro no anda mirando a dónde va; sino qué es lo que hace. Cristo anduvo con publicanos y pecadores, y no se manchó, ni salió disminuido, sino más triunfante y hermoso.

<>

Al justo casi todo el mundo le teme: ¡es que temen que les haga justicia!

<>

Sin dignidad, ¿qué es triunfar, sino haber perdido la suprema batalla?

<>

En todo lo que hago o pienso, me aferro obstinadamente a los principios y los fines: todo lo demás es negociable.

<>

Entiendo que "defiende la libertad quien no conspira contra ella"; pero en ciertos períodos, esa es pobre defensa y equivale a una entrega. Tiempos hay cuando la pasividad es complicidad; cuando actuar es la única medida de nuestros sentimientos y de nuestro decoro.

<>

No ataques al bueno aunque te de razón para ello; ni defiendas al malo aunque con oro te retribuya; pues el primero, un día podría salvarte; pero el segundo puede contra ti volverse y despedazarte, sin más motivo que su propio provecho o su deseo morboso.

Confiar en Dios, no es sentarse con la mano abierta para recibir la dádiva, sino comenzar metas con la confianza de que Él estará al lado nuestro, para sostenernos, en el caso tal de que nuestra sabiduría o nuestras fuerzas sean inferiores a las circunstancias.

<>

Las charlatanerías son las espumas del mar del espíritu, ¡y ningún mar apacible forma espumas! Se sabio, y discierne.

<>

Si hay contradicción o duda, más creo en lo que afirma mi intuición que en lo que dicen mis sentidos; porque la ciencia ha confirmado muchas cosas que negaban los sentidos y que previó la intuición.

<>

Así como en una casa hay que limpiar el piso regularmente, recoger y botar los desperdicios, cortar la hierba, regar las plantas, comprar y preparar los alimentos, pagar las cuentas, etc. así al espíritu le hace falta el ejercicio de la fe, el acto de amor, la introspección etc. para mantenerse en orden, y no ser abrumado por las miserias del mundo o la suya propia.

<>

¿Qué es un cristiano verdadero, sino el primer defensor y el primer atrincherado de la libertad? Pero la libertad, aún cuando se conquiste con la sangre, sólo se mantiene con el trabajo y el amor.

Debiera haber un "Estatuto de Seguridades Mínimas del Niño" y al padre que no lo cumpliera se le impondría un castigo, tal y como se hace con cualquier otro crimen. Mientras la infancia esté inerme frente a las barbaridades de la ignorancia o la maldad, no podrán esperarse pueblos equilibrados y venturosos.

<>

Si no combates con armas adecuadas ¿cómo soñarás con triunfos rápidos, y ni siquiera con triunfos? ¡Las batallas no las gana el deseo!

<>

Una vez planté un rosal; la regaba casi todos los días con agua fresca, y con amor en mi corazón; abonaba cuando lo creía necesario; y así creció. Una vez cuando pasaba junto a él, sus espinas me hincaron. No pude menos que pensar: las espinas no tienen amigos, -¡y así son los hombres-espinas!-

<>

“Todos los hombres son creados iguales"...-¡pero a los pocos años ya ni se parecen!-

<>

"Nadie sabe nada de nada; mejor

que esa ciencia confusa y vacía,

nos alumbra el alma como luz del día,

el secreto instinto del eterno amor"

Eso lo dijo Nervo, y sin reservas, lo subscribo yo.

<>

No hay arrogancia en reconocer el propio talento sin presunción. Diga el que es "yo soy" sin temor a parecer vanidoso ¡que es táctica de los inflados, el llamarse pálidos, y presentarse rojos!

<>

Física o moralmente, después que se pierde la virginidad, es muy difícil mantener la castidad.

<>

Hijo: la razón del sabio es despreciada por el ignorante; por lo tanto, no des consejo hasta que te lo pidan expresamente; y no en forma de consejo, sino a modo de disertación.

<>

La justicia, como una madre buena, jamás busca víctimas entre sus propios hijos. Si alguna vez nos hiere, lo hace con el espíritu del médico que abre el cuerpo del operando: para curar la parte enferma; para devolvernos la salud perdida.

<>

Casi todo lo que cualquier persona necesita para triunfar es saber qué es lo que quiere, y trabajar por lo que quiere. Una gran inteligencia, medios económicos, suerte, etc. no son más que facilitadores circunstanciales y prescindibles.

Contra necesidades fisiológicas no caben cavilaciones filosóficas. La moral es la resultante del equilibrio o desequilibrio entre el instinto y la razón. El instinto sin la razón peca de audaz; La razón sin el instinto peca de pulcra y perezosa.

<>

Para mí, "democracia" es "proporcionarle al individuo la máxima libertad posible dentro de las limitaciones que demanda la supervivencia misma de la democracia". Todo lo demás es utopía, es sueño; es, en definitiva, conspirar contra los derechos de los pueblos a vivir en paz y mantener el orden.

El equilibrio pues, de esos dos bienes, debe guardarse celosamente, sin hacer concesiones nunca, que pongan en peligro el balance aquel que humanamente puede lograrse. El individuo no ha de preponderar sobre la sociedad; pero los derechos y privilegios individuales, sólo deben restringirse o negarse cuando de su ejercicio, se engendre un mal social.

<>

Descuidar los derechos individuales, y permitir que nos los ultrajen, es un medio seguro y eficaz para introducir tiranías, que han sido y son, el SIDA y el cáncer de todas las sociedades, antiguas y presentes.

La sabiduría hace al hombre más rígido consigo y menos severo con el mundo: Se condesciende mucho, se perdona más, y acaba uno por ser padre prolífico.

<>

Coinciden las grandezas, tal y como suelen coincidir las nulidades.

<>

Si soy un hombre honrado y normal, no tengo por qué andar buscando a ver qué pensaba Sócrates, para después pensar yo. Pues ¿de quién aprendió él? ¡Yo también puedo pensar por mí mismo!: la humanidad es una e idéntica.

<>

Lo "normal" es que de padres confusos, se formen hijos inestables.

<>

Hay una casta de infortunados que no merecen ser redimidos: ¡aquellos que salidos de su estado, se olvidan de sus hermanos en pena!

<>

Algunos cristianos están confundidos: Jesús dijo: "Mi reino no es de este mundo", y está bien dicho y es verdad; pero nosotros no podemos decir igual. Antes que nada somos ciudadanos de esta tierra, y tenemos que preocuparnos por ella. Estamos en la misma condición de un esclavo que aspira a ser libre, pero que todavía no lo es; ¿podrá olvidarse de su condición y actuar libremente? ¿No sería eso una falta de cordura, que obraría tal vez contra la propia libertad que busca? ¡Seguro que sí! El aspirante a presidente no hace decisiones presidenciales.

<>

No hay Colón como un corazón enamorado de lo hermoso: desdeña lo ridículo; cree en lo probable; utiliza lo débil; se enfrenta al misterio… ¡y siempre llega a nuevos mundos!

<>

Si la guerra es el efecto de causas insoslayables e inmutables -como la defensa de la patria ante un enemigo que nos ataca para arrebatarnos la libertad y el decoro- la guerra es necesaria y humana- Si la guerra es una provocación de industria o una empresa de conquista: la guerra es criminal y diabólica.

<>

La humildad es la ley primera de la grandeza.

<>

…Y veamos ahora, si con cientos de miles de cubanos en el exilio, en su mayor parte creyentes, decenas de iglesias cerradas, y el resto entorpecidas en su obra de mantenimiento y expansión, la iglesia dice todavía que ella "no debe inmiscuirse en la política"

Más soporta el vulgo la extrema maldad que la extrema virtud; porque los vicios son hierba silvestre que prende en todos los sitios, y la virtud es planta delicada, de tierra feraz, de cultivo y abono.

<>

La vocación no es más que una forma bonita de declararnos esclavos sin necesidad de ruborizarnos. Por vocación se entiende cualquier cosa: desde enterrar muertos, hasta escribir sandeces.

<>

A tu victoria han cooperado muchos; a tu fracaso, sólo tú y tus amados.

<>

La vida tiene sus incontables maravillas, y una de ellas es ver como, a pesar de que la naturaleza entera dice todo lo contrario, los hombres esperan las más de las veces, que la semilla que sembraron, no sea luego el fruto que cosechan.

<>

Así como es sabio amputar un miembro para salvar un cuerpo; así es también sabio, aconsejable, y justo, el anular un hombre para salvar una república.

<>

Una conquista vale más que cien herencias; pues las herencias se "adoptan", pero las conquistas se engendran, se paren.

Libertad es el derecho a estar equivocado... ¡en cosas que no afecten a los demás!

<>

Ningún hombre debiera contar con más dinero, que aquel que le asegure una subsistencia desahogada y normal.

<>

Para mí el amor es lo primero; y la vida me ha enseñado, que la cautela debe ser lo segundo.

<>

Vence al pueblo, y lo tiene de esclavo suyo, quien lo halaga una hora, aunque lo flagele en otra; pero es devorado por él, aquél que olvidando su fuerza tremenda y sensibilidad nimia, aun sin flagelarlo lo desdeña.

<>

Es vergonzoso el espectáculo de un padre tirano: de los cubiles obscuros salen las fieras indomables. Debiera juzgarse con el criminal, al padre del criminal. Si Dios hizo al hombre libre, no hay derecho para que exista un hijo esclavo.

<>

Hacerse repugnante a un hijo es declararse inepto para la misión de padre, y debiera prohibirse su ejercicio. De una pintura hecha a brochazos, no pude salir más que un cuadro imperfecto. ¡La mente también necesita su lacticinio espiritual!

Si hay algo en que vale tanto la forma como la esencia, ese algo es la educación.

<>

Hoy me han elogiado por mis Pensamientos y Reflexiones; y estoy contento; No porque me hayan elogiado (yo mismo me elogio íntimamente cada vez que creo haber hecho algo bien hecho) sino porque compruebo una vez más que no hay arquitecto como la paciencia, ni escultor como el sacrificio; y que aun siendo pequeño, si uso del uno y no temo al otro, podré algún día sentarme con los grandes del mundo, a ver pasar mi pueblo redimido, gozoso y en paz.

<>

La lima no produce el metal, pero lo fila, y lo hace más útil y cómodo. El dolor no crea el ingenio, pero lo despierta y le aguza la sensibilidad.

<>

El vehemente deseo de ser amado; y la desconfianza de serlo, indican un complejo de inferioridad. La sensación de que nadie nos ama, y el desprecio absoluto hacia ello ¡es ya la confirmación!

<>

No concibo la libertad, para ofender a la libertad. ¿Qué busca quién ofende a Dios, la bandera, la madre, o el amigo? ¡Qué alma tan ruin evidencia quién pisotea lo bueno, aunque se cubra con la más elaborada excusa!

Lo intuyo, lo creo, lo sé: quién da mucho al principio, ¡quita al final!

<>

Divorciar al individuo de su comunidad, es separarlo de toda felicidad e integridad posible: Cada hombre es por naturaleza, y debe ser por cordura, un elemento activo de su comunidad.

<>

La fe de "porque sí", es un rotundo 'NO' a la razón.

<>

El corazón tibio, hace con las virtudes, lo que la gallina con los huevos a los que da poco calor: ¡corromperlos no más!

<>

Política es el arte de conciliar intereses y despertar aspiraciones; además, política es también sensación de seguridad, y espíritu de conquista.

<>

Consejo útil: tú, idealista, se más práctico; tú, hombre práctico, se más idealista; ¡pues sólo en el equilibrio de ambas cosas está la verdadera vida!

<>

El que siempre ve defectos en los demás: ¡es un defectuoso!

Analfabetos o intelectuales, hoy como ayer, los egocéntricos son los culpables de todas las desgracias que le acaecen a la libertad.

<>

Los que no creen en sí, son una desventura y una carga para su casa, para sí mismos y para la comunidad donde radican.

<>

Abarcar y sintetizar: he ahí la misión de las inteligencias nuevas.

<>

Nunca son enteramente dignas las manos perezosas, porque o toman de los demás, o no producen lo que pueden y deben.

<>

El sexo mueve el mundo, pero la inteligencia lo modela.

<>

La libertad nace sin odios, vive sin odios, ¡y muere por odios!

<>

Los que luchan por la justicia, luchan por lo justo: no para vengar injusticias.

El más grande no es el que primero descubre una verdad, sino el que después de vislumbrada, la sigue más de cerca, y la defiende más.

<>

Debieran darse curso de instrucción prematrimonial; y no sólo en canto a los mutuos deberes conyugales, sino -y sobre todo- en cuanto se refiere a cómo recibir el fruto que vendrá; en cuanto a cómo mantener incólume ese boceto que El Creador lega al ser, y que él solo tiene derecho a terminar, sin ser influenciado perjudicialmente por los prejuicios e ignorancia de los padres. Y no debiera ser permitido el matrimonio a nadie que no hubiera aprobado esos cursos con notas sobresalientes; pues si los sicólogos están en lo cierto: -que el carácter se forma antes de los seis años de edad- ¿qué otra forma hay de salvar al futuro hombre, sino instruyendo a sus padres para que no le hagan mal?

<>

Si hay algo perfectamente definido en el alma humana, es el rechazo eterno a todo lo débil, a todo lo pobre, a todo lo quejumbroso...¡Nos juntamos al carro del triunfo para sentirnos triunfales y protegidos!

<>

La raíz del enojo es la frustración; y ¡generalmente, de la frustración consigo mismo!

En la carrera de la vida: la paciencia, la actividad, y la previsión, ganan el premio seguro.

<>

Porque soy pequeño ¿he de enquistarme y negar al mundo mi poquito de luz? ¡No, porque entonces, además de pequeño, sería cobarde y egoísta!

<>

Está bien que cada uno se ame a sí mismo, pero no tanto como para olvidarse de los demás; pues si amarse a uno mismo es humano, ¡amar a los demás es ley de Dios!

<>

El amor es lo mejor -¡y creo que el único!- antídoto contra el tedio.

<>

El mejor padre no es el que más complace a su hijo en todas sus niñerías y deseos, sino el que más trabaja -hasta contra sus propios impulsos de ternura- por hacerlo feliz.

<>

La verdad, como todas las cosas, tiene su momento y su fórmula; la verdad, a veces, también puede ser un elemento de perfidia; pero la mentira, no tiene disculpas.

La superioridad ajena duele mucho al hombre, porque él está hecho para la igualdad; por eso, más padecen los genios redentores que los vulgares asesinos.

<>

Un hijo es una esperanza, un ancla, un acicate, un gozo ¡y una angustia!

<>

"Retribuiré la bondad, pero no la violencia". Ese debe ser el lema y la meta ideal para toda alma generosa y honrada.

<>

Los Estados Unidos van cayendo: no por la mucha libertad o por su ausencia, sino porque sus ciudadanos bastardos han aprendido a usar la libertad como su cómplice y aliada, y no como tutora y guía.

<>

La riqueza de un país son sus ciudadanos virtuosos; y sus virtuosos ilustrados.

<>

Hijo mío, cuando oigas el rugido del león, o te preparas para vencerlo o te apartas para evitarlo; de lo contrario serás devorado por él. Esta es una ley de la vida: ¡apréndete la lección!

El triunfo de los buenos, me llena de gozo aunque estén lejos de mí o no los conozca: ¡Estoy con los que aman y construyen!

<>

No tiene derechos quien no es capaz de sacrificarse por los demás. ¿Y por qué? ¡Pues porque todo lo que ellos puedan reclamar como "derechos" ha sido conquistado con el sacrificio de otros!

<>

¿Para qué se escribe sino para ser comprendido? ¿Tras qué espejismos andan esos autores que no saben expresarse sino con el vocablo técnico? Un libro debe ser tan cristalino como la gota de rocío; tan llano como las pistas aéreas. No hay cosa tan grave que no se pueda decir en palabras comunes: ¡Muchas veces, el afán de parecer ilustrado no sirve más que para mostrar la falta de capacidad!

<>

Los padres siempre quieren lo mejor para sus hijos, pero no siempre saben dárselo; y en muchas ocasiones, son un obstáculo insalvable que les impiden alcanzarlo por ellos mismos.

<>

Odio las amistades de que "te quiero, pero no te puedo dar" ¡Vivan las amistades que cooperan: las únicas verdaderas!

Me gustaría que el carnero fuera como es, pero que cuando fuese a ser devorado por los perros, le cayera a cabezazos. ¡No sé qué repudiable debilidad veo yo en ese extremo estoicismo suyo, que soporta la muerte en silencio!

<>

Como todo pierde belleza en la práctica, se deduce que sólo los idealistas son los verdaderos prácticos. Los hombres comunes son rutinarios empedernidos, que avanzan por el camino abierto por el ideal y allanado por las limitaciones humanas.

<>

Hay que distinguir entre el sueño y el ideal, como hay que distinguir entre el apasionado y el celoso. El soñador es una lacra; el idealista es un creador. Son soñadores todos los que carecen de energía, voluntad, o capacidad para ser creadores.

<>

En las batallas sociales o en las particulares de cada hombre, el ideal de la victoria ha de ser inferior al ideal de la justicia y el decoro; pues de otro modo la victoria se vuelve, como la perfumada manzana que se pudre, en moho y hediondez.

<>

¿A qué llaman las gentes vulgares "placer", sino a aquello que de prolongarse, llamarían cansancio, fastidio y aburrimiento?

Los hombres sufren MÁS, porque procuran demasiado sufrir MENOS, que lo que les mandó El Creador.

<>

Dijo el Macao: "Ya que soy blando me procuraré una concha dura"; y ésa parece ser la misma filosofía de ciertos caracteres. Por eso, no corresponde a cada rostro adusto, un alma fría o perversa.

<>

El "patriotismo", algunas veces no es más que el deseo voraz de imponerse y mandar. Otras, sed vaga o ardiente de aventuras; otras, deseos de venganza contra un personaje o sistema que nos maltrata o choca particularmente; y las menos de las veces, amor filial y desinteresado hacia la tierra que nos vio nacer.

<>

Hay gentes tan despreocupadas y sin sesos, que cuando van a tragar se acuerdan entonces de masticar, y ahí viene el atragantamiento y la asfixia, -física o moral-.

<>

Todo hombre es tan grande como su obra; y tan pequeño como su pensamiento más vulgar.

<>

Con violencia y con prisa se pueden hacer muchas cosas... ¡pero todas mal hechas!

Ley psicológica: todo lo que se repite, se grava; todo lo que se grava se impone; todo lo que se impone, busca expresión...

<>

Los genios son los hilos directos que El Creador tiene, para enseñarnos cosas, y revelarse al mundo en nuestra forma y tiempo.

<>

A mí no me admira tanto -aunque es cosa de admirarse- de que el Concilio Mundial de Iglesias tenga tendencias izquierdistas. A mí lo que sí me maravilla y perpleja, es el hecho de que sus integrantes se mantienen arriba con el conocimiento y acatamiento de la gran masa cristiana.

<>

Hijo, tu vida vale tanto, como el valor combinado de todas aquellas almas que levantaste y ayudaste en tu peregrinación por la vida. Mas, recuerda que hay un valor inverso o negativo, si en vez de levantar, abismas[si en vez de esclarecer, confundes.

<>

Diga un hombre: "Puedo ser juez", y rasgaré mis vestiduras ante la insolencia y el orgullo humano. Los jueces existen por necesidad, y no por competencia; pues mientras no se sepa TODO acerca del espíritu humano, nuestros juicios serán siempre injustos y parciales.

¡No hay como padecer para compadecer! ¿Qué sabe de un mal quien sólo ve las lágrimas ajenas? y aún son tan inconstantes nuestras almas, que "apenas pasado el tranco, nos olvidamos de los santos".

<>

No ha de llamarse "hombre" quien se limita a obedecer. "Juventud que no enviste es peso muerto para el progreso de su pueblo" -decía Ingenieros. La felicidad viril tiene un nombre: "Querer" -dijo Nietzsche.

<>

Perseverancia es la capacidad de hacer, junto a la voluntad de querer; los rutinarios empedernidos no son "perseverantes" sino limitados, tozudos, monofásicos.

<>

¡Qué extraña ley ésta!: "Al que tiene le será dado, pero al que no tiene, aun lo que piensa que tiene, le será quitado". A simple vista parece cruel, pero en el fondo debe ser buena. Cristo la expuso con aprobación: debe ser buena; debe ser buena ¡qué extraña ley ésta...!

<>

Como que los pueblos tienen de todo; como que en su seno anidan todos los vicios y todas las virtudes; como que sus cabezas son estúpidas y brillantes; santas y diabólicas; religiosas y ateas; por esos vemos a los pueblos ahora vacilantes y torpes, ahora intrépidos y magníficos, según el hombre que los rija, y según las oportunidades de expresión de las diferentes tendencias morales y espirituales en el gobierno.

<>

Mente no es espíritu, como carburador no es motor. Espíritu es el producto de la suma de las funciones físicas, instintivas y racionales, elaboradas, sintetizadas, y llevadas a un plano particular de conducta.

<>

Hace poco leí las Máximas de La Rochefoucauld ¿Buen filósofo? ¡Oh, sí buen filósofo! ¿Elocuente? Pues sí, muy elocuente. ¿Equivocado? Bueno...como todas las gentes, en algunas de sus proyecciones y conclusiones. Además él es tan cínico en algunos de sus pensamientos que me da la impresión de ser cínica toda su obra. Las cosas serias han de decirse en forma seria y no de un modo satírico y vulgar.

<>

No es raro que en ciertos espíritus que parecen del todo estériles para la más nimia virtud, nos sorprendan a veces con una, exuberante y robusta: ¡es que las virtudes son como los árboles! que cuando no hallan vida fácil en la superficie, echan sus raíces más profundas, y dan con formidables veneros!

<>

La libertad no es bonito regalo de los dioses, ni fácil conquista de los hombres: la libertad cuesta muy caro, y sólo perdura en los pueblos mesurados y trabajadores.

Hijo, lucha contra todo lo que te limite: ¡incluyendo a ti mismo!

<>

Los necios merecen perdón por lo que hacen; porque lo que ellos hacen, lo hacen sin saber por qué lo hacen.

<>

Somos máquinas sin las emociones; y bestias sin la inteligencia; has, pues, un equilibrio de ambas, para que seas el verdadero hombre.

<>

Como los comunistas y otras doctrinas absolutistas sostienen que "el fin justifica los medios" no merecen sino ser quebrantados por los hijos de la libertad, aprovechando su misma filosofía.

<>

Como dice la canción “para subir al cielo se necesita una escalera grande y otra chiquita". La escalera grande es el amor; la chiquita es la fe.

<>

Todos los sentidos son iguales: lo mismo es un gusto auditivo que un gusto táctil; la diferencia estriba en la sensibilidad del órgano y la intensidad del estímulo, más el significado subjetivo que le damos. Decir que una persona que le gusta la música clásica, es más refinado que aquel que gusta de observar la naturaleza, o ingerir su alimento predilecto, es cometer una injusticia garrafal.

<>

Perdón para los odian: ¡son mutilados que padecen!

<>

Por la patria: ¡hasta la vida! Pero el deshonor: ¡ni por la patria!

<>

Quien mejor puede hablarnos de un tema, es aquel que lo conoce bien, pero que nunca tuvo o no tiene, ningún interés personal en él; ya que el afecto o el interés, anubla la percepción objetiva de las cosas o cuando menos, la modelan, para mostrar solamente, el lado con el que se concuerda o conviene estar.

<>

Amar es la necesidad que todos tenemos, y que no todos confesamos ni honramos bien.

<>

El amor, mariposa azul que llegó de repente cabalgando en el céfiro, se posó complacida al lado de un robusto gusano, le besó con ternura, y le dijo después: "Padre Sexo”.

<>

Fe es creer en “lo probable” sin la pasión de mezclarlo con “lo seguro”.

Se quejan muchas personas de que "en este mundo el bueno sufre más que el sinvergüenza", ¡y es natural!: la persona honrada vive de sus propios esfuerzos y capacidades, da de lo que tiene, y no aprovecha ninguna oportunidad que no esté en concordancia con sus ideales. El malvado, por el contrario, "está en la viva", muerde con todas las carnadas, y agencia sólo para sí. Es pues obvio, que materialmente tiene -o se crea- una gran ventaja. En lo demás, lo juro, no encuentro diferencia alguna entre el bueno y el malo. La naturaleza reparte sus dones sin mirar quien los recibe. ¡La naturaleza no tiene favoritos ni postergados!

<>

No cicatrizan nunca completamente las heridas que infligen la deslealtad, la incomprensión, o la indiferencia del ser que amamos. Por eso, si amamos, debemos mostrarlo, decirlo y respetar.

<>

Cada ser y cada cosa tiene sus limitaciones y su misión en la vida, y no tiene por qué afanarse en ir más allá. Estará bien con que llegue hasta donde le fue encomendado.

Si procedemos con honradez y sin pereza, lo que hagamos ¡eso es lo que nos encargó El Creador! Yo, pues, no me preocupo: doy mi fruto, y que otros lo esquiven o lo recojan. El que planeó el universo lo hizo tomando en cuenta lo que yo haría; no transgredo pues, su voluntad, ni afeo su obra maravillosa.

Amor es posesión: tal es así que lo que mucho amamos se siente más nuestro cuanto más cerca está. Amamos lo lejano sólo por la esperanza y la angustia del acercamiento; y lo perdido, sólo como reminiscencia y nostalgia de lo que fue.

<>

Verdad que la educación es fuerte: pero después que el carácter se forma, casi siempre es más fuerte el carácter que la educación.

<>

Ten mucho cuidado al seguir tus propias conclusiones, pero pon aún más cautela en seguir a los demás, pues entre los hombres, todo el que hace de carnero, ¡sale trasquilado!

<>

Los malvados pueden formar "ligas" pero no "fraternidades”. La lealtad es privilegio de las almas generosas. Un malvado no es fiel sino a su pensamiento de egoísmo y ferocidad.

<>

El hombre bueno no viene sólo al mundo a ofrecer lo bueno que tiene, sino también a luchar contra lo malo que hay. Este es el punto esencial del cual se han olvidado muchos fracasados del bien que son “buenos”, ¿Pero y qué? El malo se burla de ellos, los anula, los aplasta, y fue como si no hubieran existido -en lo referente al mejoramiento del mundo-

"Si no te quieren como tú quieres que te quieran, ¿de qué te sirve que te quieran? -¡Nervo, como tú sabías: estas palabras quiero hacerlas mías!

<>

En la entrada del túnel de la Habana hay unas placas que dicen: velocidad máxima 60 kph. velocidad mínima 60 kph. ¿No es ésta una advertencia muy sugestiva para la vida? "Mesura" es la palabra de pase.

<>

Trata de reformar a los hombres cuando tú puedas devorarlos a ellos, pero no cuando ellos puedan devorarte a ti, ¡porque te devorarán!

<>

Más, mil veces más cobardes que los que huyen del fuerte, son aquellos que atacan al débil.

<>

La justicia la aprueba, aunque vaya contra sí mismo, cualquier espíritu noble.

<>

No hay amigo inútil; la amistad que no se cimenta en la cooperación, degenera en vicio y muere pronto.

<>

Para dominar a alguien, el secreto no está en ser fuerte o en ser lógico, sino en conocer a tiempo sus debilidades.

Hay un secreto instinto que sabe mucho acerca de todo, y sólo el que se vuelve porfiadamente impenetrable, termina en verdadero bruto.

<>

Todos podríamos ser más naturales si nos propusiéramos ser menos perniciosos.

<>

Hijo: Ten presente que no todos los que van por tu camino llevan la misma meta, ni usan los mismos medios, ni son, en fin, tus compañeros de viaje, ni tus honestos camaradas. Cuídate de las apariencias y de los simuladores; juzga el árbol por su fruto; y no comas de la mano que hurta.

<>

Hijo: Sigue la vida del manso; sigue el ejemplo del honesto; que aunque pases por abismos y eriales, ¡siempre y por seguro, has de encontrar las paz!

<>

Así como no quiero estar en los zapatos de los enfermos o desventurados; así no quiero vivir la vida de los usurpadores y egoístas -que son otros desventurados y enfermos incurables.-

<>

Concebir una idea o doctrina no implica, necesariamente, el derecho a practicarla y extenderla, pues todo hombre es parte de una comunidad, y como tal. ha de sujetarse a sus leyes y aspiraciones.

<>

Paz y felicidad: dos gemelas idénticas e inseparables.

<>

A las pasiones fuertes, como a los ríos, se la puede contener si al mismo tiempo se le da cierta salida; pues si no, se crecen, desbordan, y al infeliz audaz abisman, ahogan.

La astucia vence en la guerra; la cortesía, en las relaciones de paz.

<>

¡Hasta un impedido mental es grande si se pone al servicio de los hombres! y siempre son pequeños los que buscan servirse de ellos.

<>

¡O yo soy un bárbaro por amar menos a la patria; o el bárbaro era Brutus, por mandar a matar sus hijos, que conspiraban contra ella!

<>

En el crecimiento de los pueblos, más vale el sudor que la sangre; y más su fe que su tecnología.

El primer deber del estado es viabilizar al ciudadano -hasta el más humilde ciudadano- el acceso a la cultura y el modo de ejercerla.

<>

La sangre es el caro precio que muchas veces se paga por la libertad, pero que puede ser superado por cualquier ambicioso de gloria. El sudor es el precio más alto, que no es superado jamás.

<>

Las más de las veces, se sufre menos por una decisión mal hecha, que por una vacilación constante.

<>

Subestimarse es subexpresarse: difícilmente logrará lo que puede, aquél que no cree poderlo.

<>

Soñar con castillos y coronas es la triste misión de las manos perezosas y el espíritu pobre, que no tienen capacidad siquiera para fabricarse una cámara holgada.

<>

Yo no digo que no sea hermoso que la religión se aparte de la política; lo que afirmo es que no es sensato ni viable.

<>

Cuando le das a alguien por dónde le gusta, no te preocupes por dónde le das.

La verdad, como los grandes ríos, tiene siempre muchos tributarios, y éstos a su vez tienen tributarios menores, y todo va simplificándose hasta llegar al axioma o la gota. La verdad se muestra absoluta en: h2o, la gota, la corriente y el río…¡todas, verdades absolutas, aunque expresadas de forma diferente!

Como decían, creo que los Escolásticos, que "Dios es la complicación del mundo, y el mundo es la explicación de Dios". Dios de una parte es lo simple: es el origen de la gran verdad; de la otra parte es lo complejo: es la plenitud de las pequeñas verdades.

<>

Dese al joven, antes que la preparación secundaria, un oficio para la vida, y se estarán evitando muchos males.

<>

El mundo está lleno de gente que "saben": ¡necesario es llenarlo de gentes que "amen", ¡y amantes que trabajen!

<>

El amor es cosa tan maravillosa, que nos sentimos halagados ¡hasta de que un perro corra a recibirnos a la puerta! o que en la calle abandone a otros para seguir tras nosotros...

<>

Alma es: "asociación e integración de ideas y sensaciones fisiológicas"; por eso el alma ríe de las maquinaciones del cerebro que quiere marchar solo. Hay una lucha constante entre el instinto -los apetitos- y la razón; y casi siempre el instinto, vence, porque es más "actual", más "concreto", más "físico" si se quiere.

<>

Hay una cosa tan bárbara como la ignorancia, y ella es: ¡la ilustración perezosa!

<>

El primer deber de un ciudadano honrado es el de intervenir en la política de su país. ¿Cómo dejar el cuerpo inerme de la república a la voluntad y apetitos de las hienas y buitres? Combátase esta idea si se quiere, pero primero mírese a la historia..."La patria es agonía y deber dijo" Martí. ¿Y cuándo se vio que el deber sea misión de los pícaros, y deshonestos?

<>

Si la diplomacia mantiene los estados ¿cómo no ha de ser útil a un simple ciudadano?

<>

Todo arte verdadero debe abstraerse de la popularidad y expresarse sólo y únicamente de acuerdo al sentimiento y pensamiento que da origen: ¿imaginamos a Beethoven mientras creaba su "Claro de Luna" invocando al vulgo clamoroso? ¡No! El acopiaba lo que nacía de sí, en conformidad consigo mismo...Se puede decir que el artista hace la obra para sí, y luego la presta a la aprobación del mundo.

La paz para los muertos, pero para mí, la sublime fatiga de la vida. No es verdaderamente hombre sino el que batalla con el hombre. El sello de la gloria está sobre la frente de los que luchan, y no sobre los que, a distancia, miran el combate. Es menester que el hombre deje en la tierra la profusa huella de su paso. Un ser sin historia, o con una historia de anacoreta troglodita es un abortivo digno de censura y compasión.

<>

Ni apurar, ni retardar: he ahí la manera de educar al niño.

<>

La resignación, en lo irremediable; en lo demás: siempre la fe robusta, y la acción conquistadora.

<>

La infancia pone las señales, y toda la otra vida se guía por ellas; quizás vaya un poco más allá, un poco más acá, guiada la audaz razón o el raquítico miedo, pero al fin, como la golondrina después del verano, vuelve a dónde partió.

<>

No hay nadie más terco que un catedrático de la escuela opuesta a la nuestra: después que alguien cree poseer una verdad, es muy difícil renunciar a ella; y si no, pregúntenselo a Galileo…

Los ciegos no ven la miseria del mundo, ¡pero tampoco sus grandezas! "Quien añade sabiduría, añade dolor"... Pero "Hallar una verdad alegra tanto como ver una mujer hermosa", dijo Martí.

<>

La mujer es al hombre como el soldado es al capitán… Todo hombre necesita el concurso femenino.

<>

Adaptarse no es rebajarse: ser práctico no implica necesariamente ser vulgar.

<>

¡Qué bien está esa frase martiana: “En ciertos tiempos, y entre cierta gentes, no hay como ser pequeño para ser grande!" ¡Si el deseo de autoafirmación fuera menos violento…! ¡Qué honor no ser “nada” cuando el ser "algo" significa la entrega de caros principios, o la cobarde y degradante sumisión!

<>

Si hay castigo al vicio -y todos lo aprobamos- ¿Por qué no ha de haber premio a la virtud, y por qué se le desdeña y se le olvida tanto?

<>

No juzgue quien no vea el fondo de una cuestión -y esto no es tan fácil como a simple vista parec-. En lo humano cada acción tiene un fin supremo; cada idea un universo antecesor...¿Mató alguno a su prójimo?: ¡Alto, no le condenes! ¡Quién sabe qué complejos, qué mente estrecha, qué cerebro enfermo, qué motivo -baladí para ti, pero terrible para el otro- fue el móvil desgraciado!

<>

Dios podrá ser verdad o mentira, pero la necesidad de Él es una verdad absoluta en el espíritu del hombre... ¡y en la naturaleza toda necesidad es satisfecha!

El dolor no es útil en sí mismo, sino por las fuerzas que desata y azuza.

<>

No debe ser para la justicia, como no puede ser para la moral, igualados aquel que agrede y el que es agredido; aquel que favorece primero y el que responde a un favor otorgado.

Entiendo que después que uno ha recibido ciertas impresiones exteriores -ofensas, halagos, etc.- ya no actúan en nosotros las fuerzas que normalmente lo harían; es decir: si soy humillado delante de una multitud, por ejemplo, mi actitud estará determinada, no por el ideal de conducta humilde y sufrida, sino por el súbito despertar de las fuerzas del orgullo, el concepto de justicia, complejos personales y un sin fin de otras variables, que pueden hacer mi reacción poco predecible para los otros y aun para mí mismo. En el caso contrario: soy favorecido o halagado; y aunque en mí se revuelvan las inclinaciones y deseos más bestiales, no responderé con esas fuerzas normales en mí, sino que indudablemente responderé con cierta pulcritud y humanidad para llenar las expectaciones; aunque sea transitoriamente.

<>

Querer, desear, es poco; falta crear las condiciones -o aprovecharlas- para la consecución del deseo. De otro modo nuestras sensaciones o intenciones son superfluas e irrelevantes; no cuentan en el libro de nuestra historia; no añaden ni una jota ni una tilde a nuestra hoja de vida.

<>

Antes se débil que aparentarlo...El débil, el herido, lleva todos los golpes.

<>

El dolor es el gimnasio del espíritu.

<>

Cumplir con los deberes es el modo más digno y seguro de afirmar los derechos.

<>

La psicología, como la agricultura, demuestra que no siempre la exuberancia del follaje va acompañada por la frondosidad del fruto.

<>

Un ser tierno, es de hecho, un ser útil. ¡Y muy necesario!

Nadie se engañe: Dante dijo con verdad: La tierra cuanto más feraz, más pronto se hace salvaje". El espíritu humano es sementera para todos los vicios, como para todas las virtudes. Es más, un vicio no es más que una aberración de la virtud. Es la tierra "hecha salvaje" porque no ha encontrado una mano apta y oportuna que la cultive.

<>

El aislamiento físico es muchas veces fructífero; el aislamiento psicológico es siempre estéril y fatídico.

<>

Judas no fue el efecto de una gran ambición, sino el resultado de una fe muy menguada.

<>

-Por la ingratitud humana he aprendido a no sufrir sino por mis propios males...-¡pues has ganado tu más seguro medio de tormento!

<>

Los pueblos caen cuando su integridad comunitaria se fracciona.

<>

La derrota está en huir del problema: Todo lo demás es relativo.

Dime tu religión, tu afiliación política y tus hombres venerados, y me habrás dicho ya la mitad de ti todo.

<>

El que cae una vez y no se precave; o el que ve caer y no se precave, ¡bien lleva los huesos rotos!

<>

Quien no es capaz de respetar su simple palabra, no es capaz de cumplir un juramento; y si puede, hasta rompe un contrato.

<>

Se puede combatir en conjunto lo que se puede aprobar en parte. En realidad nada está formado totalmente por cosas malas: ¿No es útil de la víbora el veneno? y las tempestades ¿No producen las lluvias necesarias?

<>

Está bien: tengo superiores en la inteligencia, pero sólo iguales en el corazón y los derechos. Si yo fuera mar hundiría todos los barcos... ¡hasta los submarinos...! conmigo todo, sobre mí, Dios; desdeño al hombre lacayo tanto, como al soberbio y altanero.

<>

En Martí no reconozco sino un error, un grave error: venir a pelear con las armas en la mano, cuando él llevaba las suyas en la frente. Exponerse en la guerra, cuando su gran causa era la paz. Subestimar quizás, la gran responsabilidad que tenía en el afianzamiento posterior de la libertad que se estaba conquistando. Su muerte ¿no ha retrasado y tal vez dañado el equilibrio del mundo? ¿Hubiera sido igual la caída de un simple soldado? "El deber de un hombre está allí donde es más útil" - decía él.

<>

Como las medicinas, la vida siempre exige algún por ciento de “materia inerte”. O sea, no se puede vivir a puro amor, o a pura lealtad: hay que rellenarlos con la prudencia, con nuestras propias necesidades, con nuestros gustos y preferencias.

<>

Hay espíritus tan tozudos e innobles, que por no confesar un error perseveran en él, acumulando mil sobre ése sin avergonzarse por ello ¡Como si fuera más penoso reconocer nuestra falibilidad que dar muestra de nuestra innobleza!

<>

El mundo se nos complica porque en definitiva no vivimos una sola vida, sino dos: la una, externa y social, la otra, la interior particular; y como ambas son irrenunciables, el secreto está en saber usar los elementos necesarios de cada una sin confundir jamás sus fronteras ni querer transmutarlas.

<>

La libertad tiene un lema inquebrantable que expresa: "Piensa lo que quieras, pero haz lo que me sustenta”. Y cuando los pueblos desdeñan u olvidan ese lema, la libertad sufre ¡y hasta se pierde!, dependiendo de cuán lejos nos hayamos alejado de él.

<>

No debiera ser permitido en las iglesias que a los niños se les hable del infierno: esa es una mala práctica y una mala táctica. Lo que no logra la persuasión, no lo logra el miedo, aunque se pretenda que así es.

<>

El amor es el sol de la vida: más que las plantas buscan la luz, las almas se orientan, quiéranlo o no, hacia donde les viene la bondad del amor.

<>

Política es más que, encauzamiento de fuerzas y manejo acertado de las riquezas naturales y humanas del país. Política es idealismo puesto en acción, y despertar nuevos intereses de progreso, conquista, y modo de darle satisfacción.

<>

Los libertadores han de tener espíritu de redentores -que es el espíritu de abnegación y pureza- y no espíritu de cuatreros - que es el espíritu de egoísmo y ferocidad-

<>

La razón, que es cosa de luz, no puede practicar sin rebajarse, la fe ciega en ninguna cosa de éste u otros mundos.

Encontrar nuestros propios ideales en otra cabeza, reconforta tanto como juntar otro corazón a nuestro corazón: ¡se siente la sangre más caliente, y no hay utopía que lo parezca.

<>

Poco logran los justos si no son cautelosos. Vale tanto la prudencia como la razón; las dos juntas son como los pies del triunfo, y sin una de ellas se anda cojo.

<>

No hay que ser tan práctico en la vida que uno se olvide del ideal; ni tan idealista que desdeñe lo práctico.

<>

Las grandezas no se miden por tamaño, sino por efecto: ¿Quién osa desafiar los virus, las bacterias? Más se teme a las pirañas que a una ballena: ¡y con buena razón!

<>

La libertad es como esas mujeres coquetas pero castas, que siempre se nos están ofreciendo, pero que nunca se nos acaban de entregar: La libertad es un perenne logro y una perenne batalla.

<>

El vulgo es como esas personas neuróticas que hay que adularlas en público, aunque en privado se las azote.

Si deber es que todo hombre se crezca a sí mismo, deber es también que no disminuya a los demás

<>

¡El pesimismo es el gran enemigo de la felicidad, y el contribuyente mayor a la desgracia humana!

<>

La felicidad absoluta no existe. Aprende a aceptar las cosas "no tan buenas" que la vida te da, y así vencerás.

<>

Cuando estés confuso o te sientas mal, piensa que esto es una sensación pasajera, como lo son el sueño, el hambre, el cansancio; y que por lo tanto, en el futuro, has de sentirte bien. La vida es como el mar: unas veces apacible, unas veces agitado, y otras, violento. Solo es requerido adaptarse a las diferentes variaciones que tiene.

<>

El cuerpo del elefante, lo mismo que el cuerpo de la hormiga, está compuesto de células pequeñas; ¿no conlleva esto una gran enseñanza moral?

<>

Yo he visto y comprobado, que aunque el individuo como tal es importante, la sociedad, como tal, lo supera; pues nunca vale más lo integrante, que lo integral.

Predicar el odio entre los hombre -cualesquiera que sean sus fines- es como sembrar furtivamente hierba mala en los campos de cultivo; y el que así hace debe ser considerado enemigo de Dios y traidor a sí mismo y al mundo.

<>

Como el mundo es equilibrio de infinitas cosas interrelacionadas, no hay desequilibrio en el mundo que no engendre, a su vez, otro desequilibrio.

<>

No hay vida tan elevada que haya superado todos los escollos, o conquistando todas las alturas.

<>

Lo que critico es la maldad. Lo "mal hecho" tiene disculpas, ¡pero la maldad debiera siempre ser castigada! Aunque sea para dejar constancia de nuestra desaprobación

<>

Creemos menos en nuestras propias capacidades porque casi siempre nos interesamos por las obras de los demás cuando están terminadas: Un joven e incipiente escritor lee El Quijote, por ejemplo, y puede que casi quiebre la pluma ¡pero Cervantes lo escribió a los cincuenta y ocho años y después de haber escrito unas cuantas obras mediocres! En pintura, escultura, filosofía o política pasa igual. Yo mismo tengo mi experiencia: Casi nunca puedo escribir lo que deseo, de una forma rápida y perfecta, sino que a veces paso hasta días en un poema, por ejemplo. Después de

hecho, y pasado en limpio, entonces quizás alguien diga: este señor es talentoso. Pero se olvidan de decir: "paciente" que es el otro pie del creador. Esto lo digo para que los jóvenes sepan que de ellos es el futuro, y que no tienen que temer ni de qué avergonzarse: -¡Qué bonito está ese edificio...!-
-lo hubieras visto en construcción...-

<>

Un hombre vil, apena más que un hombre cadáver.

<>

Un enemigo no es nunca tan pequeño que no necesite ser temido; ni tan lejano, que se le juzgue nulo.

<>

Siempre que la libertad sea un partido, la libertad es una mentira, porque un partido es una fracción, y lo particular no puede engendrar lo general.

<>

Hay algo pernicioso en la libertad que conquista el brazo omnipotente de un hombre, y no el esfuerzo sistemático o eventual de un pueblo: El que luego ese hombre no cree en otra libertad que la que él discierne y ordena.

<>

Las almas generosas pueden jurar horrores en la hora de la debilidad y de la cólera, pero al tiempo de la venganza y el poder se tornan pacíficas y perdonadoras.

La paz es más útil a los pueblos cuando va acompañada del espíritu de conquista y creación. El hombre está hecho para descargar sus emociones y no para inhibirlas...Del desequilibrio nace el vicio, así como del estancamiento brota la corrupción.

<>

Quien quiera matar a un pueblo dele dogmas inmutables o póngale a dormir entre laureles.

<>

Mantenerse erguido es la mejor forma de no adquirir jorobas: ¡y esto también implica al espíritu y la moral!

<>

De la filosofía del odio, nace la industria de la guerra.

<>

¿De qué se hacen las repúblicas fuertes? ¡De hombres de hierro!

<>

¿Cuándo fue más necesario el amor que en los grandes momentos de creación? y ¿cuándo se padeció más por su ausencia?

<>

Yo creo en Dios con la ayuda de los que creen ¡y a pesar de los que no creen!

La oportunidad es una fuerza como la inteligencia o como el deseo, y siempre son venturosos los que saben aprovecharla.

<>

Decía Martí que "uno no es verdaderamente hombre hasta que escribe un libro, planta un árbol, y tiene un hijo"; yo agregaría, respetuosamente agregaría: "pero a condición de que el libro sea bueno, el árbol sea útil, y el hijo sepa criarse en el temor a Dios y el respeto y afecto a los hombres.

<>

Nunca te enfrentes directamente a las pasiones de los hombres. -sácale la leche a la vaca apoyándola con el ternero- pues los más de los hombres no conocen ni de bien ni de mal, sólo saben de gustos e intereses.

<>

Una cosa es decirle a la inteligencia: “elabora", y otra es decirle al corazón "sintetiza" La inteligencia hace lo que aprueba; el corazón aprueba lo que hace. La inteligencia con respecto al corazón dice lo que Cristo con respecto a la carne: “mi reino no es de este mundo...”

<>

El destino del hombre afecta dos grandes necesidades en común: la necesidad de amar, y la necesidad de morir; ¡y para eso está la muerte: para librar al hombre del cambio forzoso a que lo impelería su dinámica interna!

Libertad hasta un punto: luego orden y bien común.

<>

La esperanza no es pasaporte para la inercia, ni el cúralo-todo para los problemas humanos. Y la fe no es, ni debe ser más, que el combustible propulsor que nos aliente y fortalezca para la acción y la conquista.

<>

La indiferencia ante lo injusto o lo cruel, es un pecado inmenso ¡y una revelación!: La demostración evidente y palpable de que somos dañinos, -como lo hace la víbora cascabel cuando agita la cola- y se nos debe evitar a toda costa.

<>

Creo que soy grande, porque amo todas las grandezas, y no pienso en un amigo rufián, ni en un maestro o líder vil, ni en una vida fácil y egoísta.

<>

Fe es la certeza de lo probable.

<>

Las cosas del espíritu, resuélvelas el espíritu; pero las cosas de la materia, las manos trabajadoras.

El día en que se aprenda a rendir pleitesía, no a la inteligencia ni al poder, sino al amor y a la honradez, el mundo comenzará su órbita augusta.

<>

Casi siempre se concibe la libertad como "el derecho de no tener deberes" o el de tenerlos muy restringida y particularmente. ¡Y esa es una noción malévola y fatídica!

<>

Jamás seas en nada un débil pretencioso, pues ese es un vicio de los peores que puede afectar el espíritu humano; porque si eres vanidoso en lo menguado ¡quién te viera en la opulencia!

<>

Reconoce tus fuerzas y capacidades y úsalas con humildad. Se natural, y serás salvo, hijo de mi alma.

<>

No hay monstruo más monstruoso que la ignorancia; de ella salen todos los males del mundo, y ningún bien. Ella es la víbora del ideal, y el perezoso de la vida práctica.

<>

La vida humana no es más que un examen de respuestas múltiples a escoger, que El Creador nos ha dado. En él se encuentran respuestas aceptables, respuestas laboriosas, respuestas ridículas, pero siempre la respuesta adecuada esta allí. ¡Es de nosotros identificarla, decidirnos por ella y señalarla bien!

<>

Quien se da por vencido, siempre es vencido... ¡aun en las más simples empresas!

<>

Lo natural es lo definitivo; lo postizo jamás perdura.

<>

La libertad no necesita "lloronas" que vayan detrás de su carro fúnebre con lamentos y lágrimas, sino "soldados", que la mantengan en el pedestal del triunfo, y sufran o mueran, si es necesario, en su defensa.

<>

Después de crear un verso, un libro, un "algo" útil; el espíritu se siente ágil y conciso, y como capaz de resistir risueño las dentelladas de los que no saben amar, y el embate prodigioso de la miseria del mundo.

<>

Si "Divorciar al hombre de la tierra es un atentado monstruoso" como dijera Martí. ¿¡Qué será divorciar al hombre del cielo que es su “natural morada" como también Martí dijo!?

La iglesia es como un avaro rico: tiene mucho que dar, ¡y da poco!

<>

La iglesia teme gobernar -y no porque ignore que de ello se derivarían incontables beneficios para ella y para los hombres- sino porque siempre que gobernó, gobernó mal; porque no sabe crear un estado cristiano; porque no es capaz de conciliar la teoría con la práctica.

<>

Dicen muchos de los dirigentes de organizaciones anticastristas que ellos están “luchando por implantar la democracia en Cuba”, y que “necesitan la ayuda de todos para llevar a efecto tan noble causa”. Todo eso es santo y bueno, pero: ¿por qué no se unen esas organizaciones y tendencias para formar un frente único que pudiera darles la victoria? ¡Pues porque la comezón de los intereses personales es más fuerte que lo que ellos proclaman. Dicha posición no es maliciosa ni deshonesta, es aceptable, pero sólo en los tiempos de paz y seguridad social. Mientras tanto, es una forma tope de alcanzar las metas.

<>

No toca a los hombres el censurar la obra universal, sino el acomodarse a ella; y trabajar con ella y para ella.

<>

No hay causa, ni partido, ni hombre que no tenga sus enemigos naturales. Es una ley de vida que obliga al esfuerzo, a la prudencia, y a la astucia... Es una ley útil y plausible.

<>

Si yo pudiera comenzar mi vida, comenzaría por sonreír. ¡Cuánta batalla gana una sonrisa! ¡Cuánto bien hace un ser sonriente! Decía Nervo que "un rostro siempre adusto es un día nublado; es un libro escrito en idioma extranjero", y Darío sentenció "La sonrisa es la sal de la vida"

<>

La honradez es indispensable para el goce perfecto de la vida.

<>

No digas: "si yo pudiera", di "si yo quisiera", y serías más preciso.

<>

El que se esfuerza en olvidar, recuerda. Olvido es inercia, es dejadez, es la resignación casada con el tiempo.

<>

En el hombre ilustrado, las faltas a la regla no son más que el modo de distinguirse; en el ignorante, ¡es la desgracia de hacerse ridículo!

<>

Digan sí o no, todo humano gusta de sufrir una personalidad superior a la suya, y se sienten desconcertados e inseguros cuando no la encuentran; de ahí el origen de las religiones y las tiranías.

<>

No te ciegue la flor si la rama tiene espinas, porque podrías salir herido y sin flor.

<>

Verdad es que los apasionados luego pecan por ello, pero no ha habido ningún genio -que son como los dínamos del mundo- que haya sido un apático. Luego, es preferible pecar de enérgico que de abúlico.

<>

Un hombre no ha de andar cambiando de opiniones como muda el árbol de hojas, pero si una idea nueva se impone, no es vergonzoso confesarlo, pues en este mundo ¡gracias a Dios! ni un solo ser es infalible.

<>

La libertad cuando niña fue tímida; cuando joven, espléndida; cuando madura, tiránica: La tiranía de la disciplina, del deber, del esfuerzo sistemático, del respeto a las normas sociales...dicha tiranía puede volverse insoportable para espíritus vulgares, es decir, para el hombre común, pero es hermosa y agradable a los ojos del espíritu elevado y el alma honesta y fuerte.

No cargues tantos los hombros que se te doblen las rodillas. Mira: esto es ciencia del espíritu, y no matemática.

<>

La adulación es una envidia cobarde.

<>

La libertad tiene sus ángeles de luz, que son sus detractores verdaderos, y sus Saulos perseguidores, que son sus más ardientes apóstoles,

<>

La mayoría de las cosas que se juzgan "malas” no son sino “malas interpretaciones”. En La Creación, todo es bueno para el propósito con que fue creado.

<>

Miserable es quien por lo transitorio-evidente de la vida desdeña lo constante-probable de la eternidad: ¡Es como evitar el bebé por no lavar los pañales!

<>

Poner trabas a la libertad de los esclavistas, es el primer deber de los hombres libres.

<>

La hipocresía es despreciable: ¡pero es preferible a la bestialidad sincera!

No todo lo que se sostiene es fuerte, ni todo lo que se mantiene, eterno.

<>

Tan vana como la pretensión sin fundamento, así es todo encumbramiento sin mérito.

<>

Creer en cierta durabilidad e importancia de la materia, no es descreer de la eterna importancia y durabilidad de Dios.

<>

La civilización universal ha progresado menos, porque en general ha dejado afuera los talentos, la energía y la persistencia de la mujer, que hubiera, cuando menos duplicado la velocidad y la efectividad del progreso.

<>

"Libertad para todos" puede ser grito de lucha, y meta ideal; pero no fórmula posible para la marcha del mundo. La libertad no está segura sino con sus enemigos encadenados ¡y a sus pies!

<>

¡Cómo ríen los enemigos de la libertad de que la libertad los trate como a hijos! ¡Cómo medran a su sombra sin rubor ni pudor! ¡Cómo se aferran a ella cual zarza trepadora para aniquilarla después, cuando pueden!

No se sueñe grandeza donde hay pereza: la virtud es una fuerza incontenible

<>

Cuando el enemigo está a la puerta, no es hora de ventilar las disputas domésticas, sino de olvidarlas.

<>

Es la misión del hombre dar; quien se engolfa en si mismo pierde su magnitud humana y se convierte en bestia hablante. ¡Qué triste el camino de los que siempre van con mano abierta y extendida esperando la dádiva! ¡Qué gozo tan grande se experimenta cuando se crea, se sustenta, se da!

<>

El que ve sexo por todas partes, está tan despistado como aquel que no ve sexo por ningún lado. La parte sexual, como el aparato digestivo y todos, es importantísima, integral y decisiva en la vida humana; y quien la tiene fuertemente dañada o la descuida, padece tanto o más que cuando tenemos cualquier otra disfuncionalidad sea física o mental.

<>

Estoy con la idea martiana de que "para quien acepta gobernar (guiar, ser líder) equivocarse es una culpa". Nadie emprenda una empresa en la que está en juego la vida o la felicidad de un pueblo, si no tiene aptitudes para ello. Ningún sapo intente aparecer águila; y si su presunción lo lleva a las alturas, pague luego con la mortal caída, y con los burlescos silbidos, el tiempo y las oportunidades que robó a quien de veras tenía alas para el vuelo.

<>

Nunca los egoístas fueron felices, sino en el fugaz momento en que lograron alcanzar el objeto de su deseo.

<>

Un niño es la flor que brota, el cielo que se abre, la eternidad que llega con una sonrisa matinal...Quien lo daña a sabiendas, culpable es de un crimen monstruoso que debiera castigarse tan fuertemente como el que mata o hiere a cualquier otro ser humano.

<>

Al amigo se le señalan las debilidades para que las remedie; y no al rival, cuyas flaquezas serán parte contable de nuestro triunfo.

<>

Me encanta tropezarme con personas superiores a mí; eso me muestra sin torturas que en mi pequeñez no termina el mundo. ¡Qué triste debe sentirse aquél a quien llamen "maestro de los hombres" viéndose solo, en la cima del universo hirviente, como un gusano gigante!

<>

La vanidad no es más que el sentimiento de inferioridad disfrazado: ¡es el mono vestido de seda y con cetro de rey!

Trázate una meta y luego no te impacientes por llegar. Avanza pausadamente, firmemente, triunfalmente. "La paciencia es el eje moral y el gran secreto de las almas serenas", decía Nervo. El espíritu paciente, como Cristo, avanza sobre las aguas sin hundirse.

<>

En la eterna historia del hombre, triunfador es todo el que se trazó una meta honrada, aunque sus huesos abonen las hierbas del camino...Si no, ¿quién es el triunfador, el que tiene poder y mata, roba y encarcela? ¿Quién es el triunfador, el que acumula millones mientras sus semejantes se mueren de inanición y sed?

<>

Optimista no es el que cierra los ojos ante la verdad dolorosa. Optimista es el que busca dentro de la dura concha, el cuerpo blando del molusco; el que mira más allá de la espina; el que si tropieza con una piedra y la recoge para forjarse una pared que lo ampare y abrigue.

<>

Todo mundo lo sabe: el que no sirve para crear, sirve para censurar.

<>

La realidad, por fantasma que sea, siempre vale más y es más útil que el hada del ensueño.

La "Tournée de Dios" empequeñece, debilita, y rebaja la obra literaria de Jardiel Poncela, tanto como un mal trazo desasienta y afea el cuadro más hermoso. Que seamos ilustrados no nos da derecho a usar extravagancias y desatinos. Quien más tiene, debe dar más, y más acertadamente.

<>

Los hombres honrados son respetables aunque anden equivocados; y si es necesario oponérseles, ha de ser con nobleza y paciencia.

<>

Las neurosis en su gran mayoría, -y aun muchos casos de locura- no son más que el choque prolongado y directo entre el deseo vehemente de ser amado y comprendido, y la evidencia traumática –objetiva o subjetiva- de no serlo.

<>

El carácter sólo es modificable, cuando entre las primeras impresiones y la razón hubo grave desacuerdo; si todo se hizo en paz, aparece el tipo crónico de conducta.

<>

Arthur Schopenhauer, el gran filósofo alemán, dijo: "Así como nuestro cuerpo estallaría si se le substrajera a la presión de la atmósfera, así también si se le quitase a la vida el peso de la miseria, de la pena, de los vanos esfuerzos sería tan desmedido en el hombre el exceso de arrogancia que le destrozaría, o por lo menos le impelería a la insensatez más desordenada, y hasta la locura furiosa"

-Al no tener palabras con que contestarte, Schopenhauer, bajo la vista-.

<>

Las necesidades crecen por su urgencia: cuando se tiene sed se puede despreciar un tesoro por alcanzar un vaso de agua. Es casi un insulto ofrecer flores a quien desea un pedazo de pan.

<>

La religión es ridícula si se limita al culto en la iglesia: "Lo que hicieres a uno de éstos -los pobres, los enfermos etc.- a mí lo hiciste " dijo Jesús.

<>

Como nadie hay más digno de una obra que su autor, todo el que crea odios ¡los merece!

<>

Amar y ser amado: he ahí la primera posibilidad de dicha, y sin la cual todo otro bien se vuelve humo.

<>

Exceptuando al genio y al cretino, cada hombre no es más que su pueblo, su entorno familiar, y su época.

Los demagogos veneran al pueblo, y son capaces de morir por él...¡Hasta que tienen la oportunidad de controlarlo. En cuanto eso ocurre, comienzan a hacerle exigencias, a cerrarle puertas, a quitarle protagonismo y, en fin, a convertirse en inflexibles amos y señores.

<>

Siempre detrás de la máscara del vicio, se oculta el rostro del dolor.

<>

Es más difícil decir "yo mando " que "la república necesita" por eso las tiranías invocan más a "la república" que las democracias.

<>

Ningún tirano sería nada, si no encontrara en los pueblos, fuerzas afines que le ayudaran a consolidar las tiranías.

<>

Amistad, la de Damon y Pitias: lo demás llámese simpatías.

<>

El egoísmo es el primer enemigo de las revoluciones -que se cimentan sobre el sacrificio y el desinterés-, y de los pueblos, pues por él se afianzan las tiranías.

<>

Merece ser aplastado quién se deja ser aplastado.

En la toma y daca de la vida, todo lo que no salga del amor, es migaja y bochorno.

<>

El amor es el vasto crisol espiritual de donde todo surge nuevo y puro. Hasta las acciones más estúpidas o reprobables toman aspecto de grandeza.

<>

Libertad es el derecho de cada hombre, a ejercerse a sí mismo sin menoscabo de los demás.

<>

A los obreros hay que defenderlos porque están abajo, pero a sabiendas de que si estuviesen arriba, serían igual que la burguesía.

<>

Se está enteramente al lado de una cosa, o enteramente en su contra. Las medianías –tibiezas- son vicios del carácter, y siempre son bochornosas. Esto no niega en modo alguno, el derecho y la posibilidad de cambio

<>

Todo miedo es una disminución: A más valor, más hombre. Y no por lo que pueda, sino por lo que emprende y cree poder.

“Me engaño al hablar de una república cristiana, porque estas dos palabras se excluyen mutuamente. El cristianismo sólo predica servidumbre y dependencia; su espíritu es demasiado favorable a la tiranía para que ésta no se aproveche siempre de él. Los verdaderos cristianos están hechos para ser esclavos; lo saben y no les importa; esta vida efímera tiene muy poco precio ante sus ojos"

Bien sientan estas frases trágicas de J. J, Rousseau a la filosofía desviada de la iglesia, pero no al cristianismo; Cristo no fue un economista sino un guía espiritual. El no vino a enseñarnos cómo gobernar un estado, sino cómo presentarnos ante Dios, y a ser amigos de nuestro prójimo; Pero él no predicó la esclavitud: "Bienaventurados seréis cuando os persiguieren y dijeren de vosotros todo mal por mi causa, mintiendo" El ensalzó el estoicismo, pero no la inercia ni el acatamiento bárbaro.

<>

Creo yo que es anticristiano vivir en injusticias sin rebelarse contra ellas. ¿No dice Martí que “Ver un crimen en silencio es cometerlo”? Ahora bien, la protesta y la guerra no se hacen sólo con sangre. Gandhi lo demostró sin duda alguna: la mejor batalla la gana siempre la paz. ¿Es juicioso de que, porque vayamos a comer un rico manjar al día siguiente, ayunar hoy, o pasarla a pan y agua? Así tampoco por la esperanza que tenemos los que creemos en Dios, hemos de desentendernos de los asuntos de la tierra, pues para creer hay que vivir; para vivir hay que lidiar con el mundo, y vencerlo.

Nunca debe hacerse a los niños responsables morales de ninguna desgracia que pueda acaecerle a los mayores, principalmente a sus seres amados; eso iría contra toda su vida inconsciente ulterior haciéndolos, cuando menos, vacilantes y temerosos.

<>

Juventud es deseo de progreso, innovación, rebeldía. Vejez es quietismo, apego a lo hecho y usual, espíritu de sumisión; por esta razón, un joven puede ser "viejo" y un viejo, puede ser "joven" sin que esto imponga contradicción alguna.

<>

El carácter sólo es modificable cuando entre las primeras impresiones y la razón hubo grave desacuerdo; si todo se hizo en paz aparece el tipo crónico de conducta.

<>

Para criticar, es necesario ser superior a la obra que se critica. Cada obra es una insinuación de su autor, pero ¿quién censurará a un escultor por los primeros toques que da al mármol? Para mí la poesía es el primer arte, y toda obra la expresión de su autor.

<>

Los abogados son para defender la justicia y no para constreñirla y pisotearla. Los abogados debieran conocer de los sucesos, y no defender sino aquella parte que concluyera en principios positivos de justicia y razón.

Se dice que el ser humano utiliza el tres por ciento de sus capacidades intelectuales; y es de notar la frase "usa". y no “usa mal”, -que es lo que realmente hacemos-. Entonces, la humanidad está funcionando infinitamente por debajo de sus posibilidades. ¿Qué hace falta entonces? ¡Una fe, una meta, una decisión!

<>

Se rechaza como a culpable al hombre bueno que cuidaba nuestra fortuna, y que por excesiva confianza, por un poco de sueño, o por prepararse mal para la defensa, dejó al ladrón vía ancha para su obra de despojo.

<>

"Más vale uno malo conocido que uno bueno por conocer" -dice el refrán- pero la filosofía de este refrán maldito, es el principal enemigo del progreso, y de los pueblos.

<>

La prostitución como ejercicio es una consecuencia directa de la pobreza y las injusticias sociales: ¿dónde están las rameras acaudaladas? La prostitución, como sentimiento, es más grave y se han de buscar sus raíces en los conflictos familiares, y en la capacidad afectiva y volitiva de los diferentes caracteres y sus relaciones con el mundo.

<>

Así debemos ser: Ni tan idealistas que superemos a las nubes; ni tan prácticos, que nos clavemos en la tierra.

Hijo: Aprende temprano a ser útil; y no sólo porque es cosa loable, sino también porque en ti se revertirá, como abono munífico, la soberbia realidad de tus actos.

<>

Si se le diera tiempo al hombre, al cabo habría pasado por todos los estados que puede afectar el espíritu humano. La misión de la muerte es, pues, definida un alma ya, librarla del cambio forzoso a que la conduciría su dinámica interna.

<>

El amor amarra todo lo que desata la impiedad.

<>

Los pueblos son tan grandes como los hombres a quienes veneran.

<>

A los hombres se le puede meter un gusano por los ojos y salirle una mariposa por la imaginación: ¿cuál es la cosa mejor del mundo? ¡Aquella que más nos gusta!

<>

Hijo de mi alma, se bueno con todos, pero ten por seguro que las únicas recompensas que tendrás son las tuyas interiores; los más de los hombres han de mostrarte garras y dientes. Así somos; se bueno.

El gusto es una función sensitiva y no un logro volitivo: por eso, gigantes intelectuales van muchas veces hombro con hombro con a la masa vulgar.

<>

Nadie tiene derecho a conculcar la libertad de nadie si no es por su consentimiento expreso y voluntario. Enemigo de la humanidad es quien abusando de su inteligencia, de las oportunidades que le brinda la suerte -o del poder particular o delegado- hace a los demás hombres estrado de sus pies y servidores de su egoísmo.

<>

¡Qué vergüenza que en alguna época de nuestra historia, los que se llaman ministros de Dios hayan estado largas jornadas discutiendo sobre cuántos ángeles podrían danzar en la punta de un alfiler, en vez de estar ocupados calculando el número de necesitados del lugar, y cómo remediar sus males!

<>

No veo contradicción ninguna entre la perfección de Dios y la imperfección aparente del mundo. Lo creado no es más que el gimnasio adecuado para el necesario ejercicio del hombre. Un mundo imperfecto brinda la oportunidad del auto embellecimiento. En un mundo perfecto debía el hombre también ser perfecto, con lo cual quedaría reducido a desempeñar el papel deshumanizante de autómata. En fin, todo lo que está hecho está bien hecho, pero aún faltan cosas por hacer.

En ciertos padres muy exigentes, y en ciertos padres muy complacientes, no veo amor, sino egoísmo o debilidad.

<>

Todos nos justificamos porque todos nos auto amamos; sin amor no habría justificación. Por eso ciertos asesinos, y enfermos mentales o de conciencia, llegan a aborrecerse tanto, que al no poderse justificar ante sí, piden la muerte a gritos, o se la proporcionan ellos mismos mediante el suicidio o acciones de violencia y alto riesgo.

<>

¡...Y pensar que muchos asesinos hubieran sido hombres buenos, si hubieran recibido de sus padres, de su ambiente, un poco más de cariño!

<>

Almas hay como el cerdo que en el fango se bañan; y almas hay como el águila que gustan de la altura. Esas almas gigantes y estelares sufren inmensamente en sus contactos con la tierra, y a veces pierden el rumbo y se vuelven obscuras y melancólicas, y es entonces necesaria una mano bondadosa y experta que la devuelva al cielo -su natural ambiente- sin excluirla de la tierra - su inevitable posada-.

<>

Alma es la flor o la espina, que nace del equilibrio o desequilibrio entre el instinto y la razón.

No hay que fanatizarse con los que alguna vez han defendido presuntamente la libertad; debe recordarse que hay fraudes a largo plazo, y manos que se hacen dadivosas para que las pongan en el tesoro...

<>

Más soporta el vulgo la extrema maldad que la extrema virtud; porque los vicios son hierba silvestre que prenden en todos los sitios; la virtud es planta delicada, de tierra feraz, de cultivo y abono.

<>

La experiencia es nada, y vale nada, si no es filtrada y canalizada a través del reino de las emociones.

<>

Cuando se trata de las cosas del espíritu humano, ingenuo es el individuo que todo lo juzga y nivela de acuerdo a las manifestaciones de su ser propio. Es miope, si con un poco más de cordura, toma en cuenta sus sentimientos y pensamientos, y los compara, mezcla, elabora, y sintetiza con el pueblo y la época en que vive. Y sólo es sabio y acertado, si usando de los factores anteriores, busca el fundamento en el pasado divino y ancestral del hombre.

<>

Cuando yo tenga un hijo juro no ofrecerle una vida fácil y muelle. ÉL tendrá que ejercerse para llegar a hombre -ya que es el único modo de lograrlo- ¿No será ésta también la idea de Dios, cuando nos pone obstáculos a una felicidad frívola e inmerecida?

<>

El carácter de un hombre es siempre igual en literatura, que en religión, que en política. No se concibe un comportamiento diferente para cada actividad; de ahí que pueda juzgarse al hombre entero por unas pocas manifestaciones de su conducta.

<>

La felicidad la concibo como 'aceptación de sí mismo y acomodamiento al mundo exterior'.

<>

Por "honradez y valentía" yo entiendo: "la capacidad de un hombre para abrir su corazón sin miedo". El que acoraza su corazón, para que no se lo vean: ese, ni es honrado, ni es valiente

<>

Lo que obliga la ley, no se proclame como un triunfo de conciencia. A los hombres hay que mejorarlos por medio de la educación. La fuerza los coacciona, pero no los cambia. La educación, puede que los cambie sin coaccionarlos.

<>

Estando Jesús en casa de Saqueo, vino a él una mujer con un vaso de alabastro y ungüento de mucho precio, y lo derramó sobre su cabeza. Al ver esto los discípulos se indignaron y dijeron: ¿para qué todo este desperdicio? Esto pudo haberse vendido por mucho dinero y darse a los pobres.

Sabiéndolo Jesús les dijo: "¿Por qué molestáis a esta mujer?, pues me ha hecho una buena acción; porque a los pobres siempre los tendréis con vosotros, mas a mí no siempre me tendréis".

Aquí está el quid de la cuestión: Jesús había amonestado poco antes a sus discípulos a que se preocuparan por los problemas humanos, y ellos, quizás para mostrar al maestro que habían aprendido la lección, reprendieron a la exquisita mujer por lo que acababa de hacer. ¡Pero es que en el mundo la buena balanza tiene que estar equilibrada!

Lo he dicho antes: "Ni tan idealistas que superemos a las nubes, ni tan prácticos que nos clavemos en la tierra".

Los discípulos estaban en aquel momento olvidando la parte espiritual que allí los reunía, y Jesús se lo recordó sin ambages.

Yo no creo en el misticismo total de las religiones, pero tampoco estoy por su materialización total. "Buscad el reino de Dios y su justicia y todas esas otras cosas os serán añadidas", dijo Jesús. Él no dijo: "y no necesitaréis de ninguna de esas cosas", pues como mortales, hemos de vivir y comportarnos.

<>

Sin hacer mal a nadie me estoy afirmando; sin menguar a nadie estoy creciendo: ¡esa es la obra de Dios!

<>

Combatamos en nosotros las fieras, pero regalemos al visitante los pajarillos: ésta es la fórmula de paz.

El odio como la hiedra, debilita el tronco que lo hospeda. El odio consume al fin, no a aquél contra el cual va dirigido, sino a quien lo alberga y alimenta.

<>

En la vida, el gusto cuenta para el gusto, pero no para el crecimiento y la definición de un alma. Los gustos son combatibles, y ha de lucharse contra de ellos, si limitan o entorpecen nuestro camino de ascensión...

<>

Un hombre sin trabajo es una infelicidad ambulante.

<>

...Había un sinsonte: ¡y cantaban todos los pájaros...! Sembró el amor: ¡y nacieron todas las virtudes...!

<>

Del desequilibrio entre la necesidad de amar, y la satisfacción que le damos, nace la mayor parte de nuestras desdichas.

Es muy recomendable que, antes de leer un libro que pensamos pueda tener influencia en nuestras vidas, leer la biografía de su autor; y luego no aceptar como verdadero sino aquello que podamos discernir de su antítesis: ¡los que odian no conocen de amor! y cuando hablan de él lo hacen como el ciego, a tientas o como el papagayo, imitando,

<>

En la vida el gusto cuenta para el gusto, pero no para el crecimiento y la definición de un alma. Los gustos controlados son la máquina de ejercicio de la mente.

<>

La verdad es como el agua: cuánto más pura más saludable.

<>

Los ladrones de hoy han puesto de moda el hablar insistentemente de la honradez... anestesian la víctima para que no repare en el desmembramiento ¡Ese es el vampirismo espiritual!

<>

Hijo, teme al adulador: ¡qué es traidor!

<>

Nada rebaja tanto a un hombre como el acatamiento por miedo, inercia, o paga, de aquello que reprueba en lo íntimo de su corazón... ¡Es como aniquilarse a si mismo! por eso respeto a esos seres vehementes que aunque puedan estar equivocados, son indoblegables en sus ideas.

Es norma hoy -de la gente pequeña- el congregarse en grandes rebaños.

<>

Hijo, aprende a aceptar las derrotas, mas no para acomodarte a ellas, sino para dedicarte con más tino y energía a hacerte acreedor de la victoria.

<>

No critico a nadie, pues toda corriente debe tener su curso. Las ideas son un parto inevitable. Lo que no quiero es que pasen sobre mis convicciones, o sobre las convicciones de mi prójimo. "Derecho por derecho" es la ley de mi conciencia; o como decía Walt Whitman: "Ni por encima ni separado de nadie".

<>

¿Quién habla más alto de Dios: un elefante, o una hormiga? ¡Pienso que ambos igual!

<>

No es sólo malvado, el malvado, sino el amigo del malvado, pues éste le brinda -directa o indirectamente- apoyo moral y espiritual, como mínimo.

<>

Las luchas justas han de librarlas hombres justos, y no pistoleros o rufianes, pues el autor se expresa siempre en su obra. De ahí que, los 'defensores comunistas del pueblo' siempre terminan en ser sus amos y verdugos.

Usualmente, quién mucho se adorna se siente inconforme de lo esencial; y cuando lo "esencial" es el adorno, ¡poco vale todo lo demás!

<>

Cada vez que veo un talentoso haciéndose el zonzo, me da cólera; Si envaneciéndose, me da risa. El talento es como el físico, algo que nos fue legado y de lo cual sólo somos merecedores si sabemos administrarlo bien y sin soberbia.

<>

Los hombres andarían más acertadamente, si abrazaran por fin la idea, de que no son más que 'embajadores', y no jefes de gobierno: Por un lado tienen la gloria del rango; por el otro, la vergüenza de las limitaciones. Entre ambas deben hacer el equilibrio que dé como resultado "la naturalidad en las acciones; la humildad en el comportamiento".

<>

Admiro la persona ordenada que sabe con una semana de anticipación lo que comerá tal día; no veo que esta previsión esté reñida con la célebre enseñanza cristiana: "El pan nuestro de cada día, dánoslo hoy". Creo que eso se refiere más bien, a que confiemos en Dios y no seamos avariciosos ni andemos en ascuas por las cosas materiales.

<>

¿Eres artista? Olvida las reglas. ¿Quieres serlo? ¡Apréndelas!

Ángel mío, sé leve: no dejes despertar a la bestia. Ángel mío sé astuto: ponle jaula, valla, freno a la bestia. Ángel mío, sé práctico: ¡aniquila la bestia!

<>

En lo que se necesita ser humilde es en el empleo - no en el reconocimiento- del talento, la belleza, la posición o la fuerza.

<>

Cuentan los viejos de este lugar, que hace tiempo había aquí un campesino que tenía su estancia; y una vez cargó su bestia de plátanos y salió a venderlos. ¿Qué precio tienen? -decían los presuntos compradores- Cuatro pesos el ciento -respondía siempre él. Muchos no compraban, alegando que eso se conseguía a un costo bastante menor; pero otros viendo lo abusivo del precio resolvieron tomarlos fiados, y luego no pagar. Pasado el tiempo nuestro hombre se halló defraudado, pero no se inmutaba, sino que más bien se gloriaba ante sus amigos diciendo: "No me los pagarán: ¡pero los vendí bien vendidos!”

<>

¿No os parece que en la vida, muchas veces somos como éste campesino? Sabemos que ella es vanidad, pero nos afanamos por gozarla, aunque de ella salgamos defraudados. No la vendemos por su justo precio, y al fin la damos gratis al astuto comprador de las tinieblas.

La libertad tiene a veces que costarle la vida a alguno, para que no nos cueste la paz a todos.

<>

Los necios son necios aunque sean eruditos: la sabiduría es un estado del alma, y no un almacenamiento de conceptos.

<>

Estoy con los que piensan, que la vida no tiene como fin supremo el placer, sino encontrar el modo de identificarse con la Divinidad Germinadora. Sin embargo, entiendo que nadie hace voluntariamente nada si no goza en ello. Es pues obvio, que el gozo afecta dos características fundamentales: el placer egoísta, y vulgar de poseer y despojar, y el placer humanista y cristiano de darse y progresar.

<>

¡Parece absurdo, pero el miedo y el egoísmo son las andaderas de las tiranías!

<>

El egoísmo es el patíbulo de la felicidad.

<>

No enseñes todo tu corazón a todos los hombres, ni intimes con extraños. Acuérdate de ser cauteloso, y no tendrás que sufrir por haber sido vencido.

<>

Fe no es más que el ejercicio prudente de la duda.

Admiro la intención religiosa, pero detesto sus métodos de acción. "Los pobres heredarán el reino de Dios", pero no los tibios ni los desentendidos.

En la iglesia sobra lo que falta en el mundo: deseos de bien. Y falta lo que al mundo le sobra: astucia, decisión y energía. La iglesia es poco en el espíritu de los pueblos, aunque la idea de Dios es mucho. Avanza o se sostiene en apariencia, pero en esencia decrece y se ablanda. Ya se confiesan con más sinceridad los pecados al psiquiatra que al cura. Ningún espíritu generoso ve hermosura en el fanatismo y la inercia. Con decir que la miel es dulce, no se la prueba al paladar; lo mismo es con decir que Dios es amor. La iglesia tiene su misión, y debe cumplirla pronto o morir sin cumplirla. Sin la fraternidad y unión de las diferentes sectas y religiones, es difícil la marcha y será siempre titubeante y amorfa.

Mientras los hombres busquen su propia gloria, no hallarán la gloria de Dios. Es cosa vieja de que "se está con Dios o con el mundo " ¡pero se sirve a Dios sirviendo al mundo!

<>

Juegos que hieren, son de veras.

<>

Las grandes ideas debieran ser anónimas, y sin posibilidad alguna de derechos de autor.

Más padecen los hombres por pereza, que por falta de oportunidad o insuficiencia.

<>

Todo rebelde honesto, aunque pudiera estar equivocado, merece respeto.

<>

No puedo creer en la bondad de un hombre que es capaz de matar a muchos hombres. No puedo creer en la buena voluntad de quien siempre está pensando en picardías. No puedo creer en el altruismo del autócrata.

<>

La mayoría de las personas son suficientemente inteligentes para triunfar en la vida, pero excesivamente perezosas o indisciplinadas para lograrlo a plenitud.

<>

Endiosar al pueblo, es el impuro oficio de los que luego lo pisotean y tiranizan.

<>

El verdadero sabio y hombre honrado, no estima a los pueblos más que por las selectas individualidades que anidan en su seno, y que son como "Margaritas ante porcum" ¿No dice la Biblia que sólo un tercio se salvará de la tierra?

Una mujer inteligente siempre negará -aun contra la verdad evidente- que amó jamás a otro que no sea su hombre actual. Un hombre tocado en su orgullo es más crédulo que un niño. ¡Con una pequeña evidencia se cree todo lo que se desea creer!

<>

La honradez consiste en ser sincero y pulcro, y dejar la puerta abierta para que los demás sean pulcros y sinceros.

<>

La libertad es más como una medicina, que como un alimento, y hay que saber usarla atinadamente y con mesura, o se nos vuelve de sirvienta efectiva, en reina torpe y licenciosa

<>

El matrimonio desarrolla potencialidades, pero no las crea. Por eso es muy simple, a mi juicio, quién es desgraciado y se casa buscando felicidad; tanto como el cobarde que se va a la guerra creyendo que volverá valiente. Generalmente uno no debiera casarse hasta hallar la forma de ser feliz soltero.

<>

No está la salvación de los pueblos en crear hombres instruidos o acaudalados, sino en multiplicar sus ciudadanos virtuosos.

La diferencia de hombre a hombre, va de hecho a hecho; y no de color a color, o de tierra a tierra, o a posición social.

<>

Quién sabe una verdad ya es medio hombre, y quién la sabe y avanza, es el hombre entero.

<>

La adolescencia es una edad complicada: lo afirman los sicólogos, lo creo yo, lo sabes tú. Es la edad en que la crisálida pugna por dejar su capullo para lanzarse al mundo, dónde encuentra goces infinitos...pero también: ¡cuánto enemigo, cuántas ávidas bocas, cuánta perfidia voladora, rastrera, trepadora...! ¡Ay, Silvia, el que nace a la vida, nace al dolor! y desdichados los que se vuelven insensibles a él; la vida los hará seres mediocres y bastardos sin más ideal que la hartura, ni más premio que la muerte. Cuando llega el dolor, el amor anda rondando: son compañeros litigantes, pero amigos, y no pueden vivir mucho tiempo separados el uno del otro.

<>

Yo sé tus sueños: en amor, como en todo, quien persevera vence; pero la victoria no puede ser a la hora que nosotros queremos, sino a la hora en que se rinde el enemigo. No hay ascensión verdadera sin sacrificio, ni verdadera gloria en lo que se conquista fácilmente; eso nos lo dice hasta el cortejar de los pajarillos ¡cuánto más en lo humano!

Los padres, ausentes o presentes, ricos o pobres, solícitos o apáticos, cultos o analfabetos, nunca son poca cosa en la vida de un hijo, e imprimen en su alma huellas que no se borran jamás.

<>

La maldad se torna hipocresía siempre que carece de fuerzas...todo hipócrita en el fondo es cruel.

<>

Hijo: cuando trates con los hombres siempre piensa que "pueden ser", nunca te empecines en que SON... hazte un juicio y que ellos te den el veredicto. Si así andas, anda confiado, pues nunca estarás enteramente equivocado.

<>

¿Qué tienes tú que preocuparte porque no seas exactamente como te imaginan los demás? Ningún ser humano -ni siquiera el que presuma de más sinceridad- se muestra siempre tal cual es; hay en nosotros ciertas aristas, ciertas pequeñeces, que no es un pecado ocultar sino más bien un deber. ¿No conoces la frase martiana "los hombres no pueden ser más perfectos que el sol, el sol tiene manchas"? ¿No estás conforme con lo que eres? ¡Yo tampoco estoy conforme con lo que soy! Esta es la idea que mueve al mundo; la que nos hace ser seres hermosos y perfectibles.

<>

Si la fe está en pugna con la razón, al cabo viene la apostasía o se cae en la neurosis. Como decía Martí:

"Contra la razón no puede haber verdad". Si pues, Dios hizo al hombre enteramente libre, no le pudo haber dado -o exigir de él- una fe ciega, porque la ceguera esclaviza y limita.

<>

Cuando los buenos no dejen la astucia a los malos, el mundo comenzará a andar por las vías del progreso, y la afirmación del bien y la justicia.

<>

El primer deber de los buenos gobiernos es precaverse 'contra los malos gobiernos'.

<>

La justicia que castiga el hecho, sin preocuparse de los antecedentes -más que de las mismas consecuencias- es una justicia a medias, y a veces una injusticia repugnante y total.

<>

Por cada migaja de pan que los hombres te den han de exigirte una montaña de agradecimiento; por eso, procura siempre dar, para que no aparezcas como bárbaro o te constituyas en esclavo.

<>

"Todo lo que es de todos, no es de nadie" incluyendo la libertad. La libertad sólo puede aceptar en su seno a los enemigos débiles y torpes, pero a los fuertes y brillantes debe combatirlos con la prontitud y los recursos con la que combatiríamos a un virus infeccioso y mortal.

<>

En los pueblos, la necesidad de juntarse para rescatar la libertad perdida, está en razón inversa a la costumbre de mantenerse unidos para preservarla.

<>

Del sacrificio de los grandes nace la felicidad de los pequeños: todo pueblo está en deuda con sus hombres ilustres.

<>

Creo en el amor y en el alma que ama; desconfío de todo lo demás.

<>

No hay más mono, ni más bestia que el hombre que nunca ha sentido en su alma los efluvios de un gran amor.

<>

El alma infantil se destempla, cuando no encuentra a su paso, un ambiente caliente y amable.

<>

No hay flor inútil: si no da su fruto, la recoge un enamorado, o la liba un insecto, o hermosea un lugar.

Sigmund Freud, el padre de la sicología moderna, dijo de William Shakespeare que: "Sabía más que una colonia de psicólogos". Freud era ateo; Shakespeare, creyente: ¿Tiene la inteligencia autoridad...?

<>

Di que confías y no confíes: Esta es la táctica para vivir en paz. A nadie le gusta sentirse observado, y precisamente, las más de las veces, para poder actuar con impunidad.

<>

Un artista ignorante piensa tan bien y acertado como un perito vulgar; es como formar un paralelismo entre una golondrina y un avión.

<>

¡Cómo le gusta a los hombres pisotear lo caído!.. Y quizás para recordarse a sí mismos que es doloroso estar abajo, y que es un deber andar erguido.

<>

"Si dos te dijeren que eres burro, rebuzna" -éste refrán lo dijo un burro, y sólo opta aceptarlo, otro más burro todavía-

<>

Cuando en un hombre no vale la palabra, no vale tampoco el corazón: esto es axioma y no hipótesis.

No critiquéis nada que no podáis mejorar: este es un gran paso hacia la paz.

<>

Quién ama, perdona; quién perdona, confía; quién confía, vive en paz.

<>

Poco logran los justos si no son cautelosos. Vale tanto la astucia como la razón; las dos juntas son los pies del triunfo y sin una de ellas se anda cojo.

<>

Todo es igual: el pez se siente bien dentro del agua y el gato, fuera. De igual modo el vulgar no congenia con el de gustos refinados y mente limpia.

<>

No son compatible el egoísmo y la honradez: la honradez es altruista. El egoísmo es hiena voraz que no distingue entre carne fresca y carroña inmunda.

<>

Cuando algún afecto, alguna simpatía, algún trato directo y espontáneo no nos acerca a los hombres que encontramos a nuestro paso, a más personas ¡más soledad!

Intimidando con el infierno no se conquistan almas para el cielo. Las religiones han de basarse en la práctica del amor, y no en la pedagogía del miedo.

<>

Ha sido dicho que: "Un principio justo desde el fondo de una cueva puede más que un ejército". Mas, sabed: No es que la razón se imponga; el que se impone, es el heroísmo que la razón alienta.

<>

Todo hombre inteligente y honrado debiera ser político. Es craso error dejar el destino de un pueblo en manos licenciosas y egoístas.

<>

Padre, madre, hermano, amigo, sólo nos quiere bien quien nos ayuda a triunfar en la vida, o se nos une y conforta en los momentos de prueba y de dolor.

<>

Quítese el derecho de hablar a quien no sabe más que hablar.

<>

El que no prevé para mañana no ve para hoy. Avanza como el ciego palpando, o es de tan escasa vista, que no ve los obstáculos hasta que los tiene encima y son inevitables.

“El techo que cobija al hijo deja fuera al extraño”: ésta es la médula de la libertad; y cuando esa médula se daña, la libertad se queda paralítica, se va debilitando, y muere al fin en deplorable estado de invalidez y dependencia.

<>

Un hijo es, como una carga de algodón que pesara diez toneladas: ¡qué tremenda responsabilidad es un hijo! ¡Qué horror verlo batallar sin poder, poder sin querer, ser ánima paria en la vida!

<>

No siempre manda el hombre en su cabeza; hay veces que "el dios del pasado" o "el espectro del deseo" impele a uno hacer cosas incomprensibles para nuestro intelecto, pero que sin embargo ejecutamos. ¿Qué pensaría J.J. Rousseau, el filósofo genial, mientras se mostraba "in naturalibus" a un grupo de doncellas?

<>

La más ligera perturbación de la paz pública, ocasiona más víctimas, y casi siempre inocentes, que una ley áspera que castigue severa a los agitadores y demagogos que ven, en las aspiraciones o ignorancia de los pueblos, ambiente propicio para alcanzar sus insanos deseos de poder o fortuna; por eso, todo país debiera castigar, como un crimen que es, la incitación a la guerra y el uso de sus métodos bárbaros.

La felicidad búscala en ti o no la busques, pues sería tan vano como rastrear de dónde viene el viento o a dónde el humo va.

<>

Es culpable todo el que a sabiendas desata fuerzas que luego no pueda contener, aunque después se mantenga alejado de ellas.

<>

Todo ministro de Dios ha de ser un sacrificado; los que nunca nos dieron ejemplo de sacrificio ¿cómo nos pueden estar hablando de moral, de amor, o de fe? ¡Los que son ignorantes en sacrificios, no pueden ser doctores en moral!

<>

Como el mundo cambia, la verdad puede ser contradictoria en apariencia, y no peca, siempre que sea idéntica en esencia; así por ejemplo, a la señal de tránsito de "pare" se opone la señal de "velocidad no mínima de..." sin embargo ambas persiguen similar fin y pertenecen al mismo plan.

<>

Esos predicadores que tienen un ministerio 'de la abundancia', sermones de curación, y prédicas de que Dios cumple todas nuestras peticiones, me dan la sensación de que son charlatanes de la religión o demagogos consumados. San Pablo, el apóstol, dijo: "Si solo en esta vida esperamos en Cristo, los más miserables de todos los hombres".

Los pensadores son los pies del progreso, pero el pueblo son sus manos generosas.

<>

Como las cosas de la radio, que parecen improvisadas, pero que casi siempre llevan larga incubación, así han de ser las actuaciones políticas, que deben presentarse al pueblo con caracteres del momento, pero que han de estar bien definidas y estudiadas en el pensamiento del gobernante político.

<>

Como el mundo cambia, la visión y la apreciación del mundo tiene que cambiar forzosamente: Estar con Rusia ahora no es lo mismo que haber estado con ella cuando Hitler la atacaba o cuando la esclavizaba Stalin.

<>

El ideal, adentro; pero por fuera, la coraza contra el mal.

<>

Cien años se estaría legislando, para llegar, después de inmensos sacrificios, a una sola conquista cualquiera, que resultaría al amor, natural y sencilla.

<>

El amor, como la lanza de Aquiles, si hiere con el filo, sana con el orín: ¡estoy contigo Posidonio!

Alma es la flor o la espina, que nace del equilibrio o desequilibrio, entre el instinto y la razón.

<>

Los pueblos que olvidan a sus héroes no los merecen, ni tienen real derecho a lo que ellos conquistaron con sus sacrificios; además, los pueblos desagradecidos, casi indefectiblemente se vuelven sementera de tiranos y de falsos profetas que los esclavizan y extravían.

<>

Ese es un hombre rico y feliz: El que está contento con lo que tiene, y se siente en deuda con Dios y con los hombres. Ese es un hombre pobre y miserable: El que no se sacia con sus muchas posesiones, y cree a los demás deudores de él.

<>

La vasta mayoría de las gentes están donde están, porque así lo quieren intelectual o emocionalmente, o porque no han hecho ningún esfuerzo significativo para cambiar el curso de su historia.

<>

Al rompecabezas del amor, el sexo lo arma. La incomprensión lo vuelve nuevo en piezas.

<>

¡Oh amor qué grande eres: hasta los que te niegan te desean!

El que sólo sufre por sus propios dolores tiene el castigo divino de sentirlos más hondos y más amargos.

<>

Si el amor fuera un árbol, sus flores serían la justicia, y su fruto, la paz.

<>

Espérese todo de la ciencia, menos la salvación del mundo: eso espérese solo del amor.

<>

Si la imposición gana tronos, pierde imperios.

<>

Los grandes rectores del mundo no se llaman "inteligencia" ni "fuerza" sino "mesura" y "equidad',

<>

Una acción la puede determinar las circunstancias; pero toda una vida, no la determina sino el espíritu de cada individuo humano.

<>

La grandeza, en gran parte, no es más que la habilidad de saber utilizar las cosas pequeñas.

<>

¿Qué hacemos con educar a un hombre y tenerlo luego de enemigo, sino conspirar contra nosotros mismos?

Educación es más que instrucción: educación es convicción.

<>

¡Qué castas son las mujeres..!: cuando el hombre no les cae bien!

<>

El mérito no está en lo que se hizo, sino en la circunstancia y forma en que se hizo; y muchas veces en el ulterior propósito

<>

A la maldad sin ley, hay que oponer la ley sin maldad.

Todo vanidoso es anormal, ¡aunque tenga títulos y talentos!

<>

Al único lugar donde la queja constante puede llevarte, se llama “soledad”; y el único resultado es “frustración”. Aléjate de ella lo más que puedas y trátala como a enemigo de alto riesgo.

<>

Cuando tus acciones no se la puedas contar a un niño o decir en público: haz actuado mal.

A mis sesenta años, estoy como la banana madura y con pintitas: mejor que nunca, ¡pero a punto de echarme a perder!

<>

Escucha y respeta al previsor, porque él es una fuente de sabiduría, ya que vida es una sucesión constante de decisiones, que pueden ser explicitas o por omisión, pero que dejarán su marca y sus resultados.

<>

Procura la perfección en todo, aunque no la logres en nada.

<>

El amor, sin un respeto profundo, es una abstracción ridícula y errada.

<>

"El amor es mentira", dijo Nervo, y eso es verdad si se toma el amor como un sentimiento independiente que tiene vida propia. El amor está integrado por una serie de factores, como la atracción física, la simpatía, la necesidad que se tenga del objeto amado, etc. Y si esos factores integrantes no están presentes, el amor deja de ser -o mengua tanto- que es inapropiado llamarle "amor"

<>

La vida de cada persona, exhibe la indeleble marca de su actitud frente a la vida. La vida, como la tierra, devuelve con creces la semilla que sembramos.

En guerra avisada… ¡También mueren soldados! Las guerras debieran ser de ideas y no de tanques y fusiles.

<>

Corrompe a un pueblo el gobierno que da como limosna o cosa merecida, aquello que el individuo pudiera granjearse por su propio esfuerzo. Toda dádiva hace al que la recibe dependiente en cierto grado de quien la otorga, e incita y promueve a la holgazanería y al vicio de huirle al trabajo sistemático y responsable.

<>

El paciente y el sabio se llevan bien, y casi siempre van hombro con hombro.

<>

Todo holgazán tiene en sí algo de ladrón y mucho de pernicioso, porque le resta al mundo aquello bueno que su esfuerzo y diligencia pudiera darle; y toma aquello que el mundo le da.

<>

El holgazán no es un necesitado: es un ladrón.

<>

A pesar de sus celdas tapiadas, de sus abusos a los derechos humanos, de la pobreza, odios y división familiar que trae consigo; a pesar de las intrigas, fusilamientos o muertes de dudosa naturaleza, el comunismo no es tan malo… ¡Si se le compara con el infierno!

El triunfo es la mitad del triunfo; la otra mitad, y quizás la más importante, son los medios con que se logró, y los fines que se persiguen.

<>

El tiempo y el interés van de la mano, pero el interés es el guía y el depositario del esfuerzo.

<>

Si no te importan tus fracasos, si los ves como acontecimientos fortuitos y como casualidad en vez de causalidad, entonces, aunque te hagan sufrir y te disminuyan, estás destinado a repetirlos.

<>

Lo que haces, no es más que un retrato de lo que eres.

<>

Triunfar es importante, pero lo más importante -y sin lo cual el triunfo es vano y pernicioso- son los métodos, el motivo, y la finalidad de la lucha.

<>

El dolor y el amor enseñan cosas que no se aprenden en las escuelas. La persona que no sufre y ama, cuanto más conocimiento almacena, más peligrosa y oscura se vuelve, y menos entiende la esencia de la vida.

Lo que realmente importa no es si el hombre y la mujer son diferentes –que a Dios gracia lo son- lo interesante y saludable es que no estén en contraposiciones estériles, y que puedan funcionar y trabajar juntos como si no lo fueran.

<>

Para el cobarde cualquier obstáculo por simple y pequeño que sea, es ya un abismo riesgoso y hasta insalvable; por eso los cobardes aspiran poco, y logran menos.

<>

Dice el refrán que "del cobarde no se ha escrito nada", yo afirmo que sí, pero que todas son historias de derrota y de vidas improductivas e infelices.

<>

Una buena medicina para sentirse bien, es no quejarse. Quien se queja de todo no disfruta nada y se ve siempre en desventaja aunque viva mejor que el común de las gentes.

<>

No voy a ser más grande de lo que soy porque lo afirme; ni más pequeño porque lo niegue: la realidad supera la ficción.

<>

Un hombre se mide por lo que piensa de los otros, y por lo que les respeta. Un hombre es tan grande como lo humilde que sea; y debe ser servido en razón directa a su historial de servicio.

<>

En política, como en las relaciones interpersonales, el uso de la “Ley del Talión” es la medida más inadecuada que pueda concebirse, y siempre lleva a un conflicto mayor.

<>

Quitarle al prójimo la fe y la esperanza no es sólo un acto falto de compasión y cordura, sino también un crimen bárbaro y cobarde.

<>

Quién mucho aspira, quizás no logre todo lo que quiere; pero el que aspira poco, lo más que logra es lo que aspira.

<>

Trata “lo imposible” y ya verás que no es tanto así.

<>

Quién sirve, invariablemente crece y se fortalece en el proceso de servir. Quién pide -a menos que sea por una circunstancia transitoria- está condenado a decrecer y corromperse en razón directa a su costumbre de pedir.

<>

El respeto llega antes que el amor, y el amor languidece y muere sin él.

Para ganar algo es necesario arriesgar o gastar algo. Nada se logra sin inversión o esfuerzo. Las herencias no son ganancia o logro, son algo fortuito y circunstancial.

<>

Rechaza y no dejes que el pesimismo, la indiferencia o la pereza de otros, entorpezcan la meta que te has forjado, y que si la logras, repercutirá en tu bien propio y en el del prójimo, pues en el mundo, cada gota de agua, cada rayo de sol, cada acción cuenta para el fin supremo de la vida.

<>

La libertad no es un bonito regalo que nos brinda la naturaleza dadivosa, sino logro del ingenio, la perseverancia, la vigilancia y el decoro del hombre.

<>

La impaciencia quizás no te mate, pero sus consecuencias, si pueden hacerlo.

<>

Los sueños son la piedra angular que construye el puente entre el inmaterial deseo y el acto que concreta y logra.

<>

Los sueños son necesarios para la creación y el logro, así como las nubes son necesarias para la lluvia y la vida; pues solo de un cielo sombrío cae la lluvia limpia y bienhechora.

Nadie se pertenece a si mismo enteramente, a menos que como caso mitológico, ese ente extraño no tenga padres, ni hijos, ni amigos, ni patria, ni Dios…

<>

El pueblo, como el hombre que anda con la mano extendida para la dádiva, está condenado, -no por un destino ineludible, sino por su inercia y vicio del carácter- a hacer mendigo y vivir la vida que le prestan los otros.

<>

Los pueblos pueden vencer sin disminuirse, y es más, hasta creciéndose en las catástrofes naturales, pero lo que no puede sufrir un pueblo sin empequeñecerse, son las crisis morales, espirituales y cívicas.

<>

Estados Unidos está listo para la entronización de un tirano: ya hay que adularle a las minorías voraces y desordenadas para obtener sus votos y ser electo; ya se perdió el concepto de la elegancia y el respeto en las contiendas electorales; ya la prensa amarilla y la roja son tan influyentes que el que sepa aprovecharlas consigue una ventaja enorme sobre el rival; ya La Suprema Corte se está convirtiendo en servidora de sí misma y del presidente…ya la picota esta armada, y sólo espera por el verdugo.

<>

Algo anda mal ¡muy mal! En dónde se castiga o amenaza a un hombre honrado por decir la verdad.

Los que no tienen la valentía o el decoro de oponerse al continuismo de un mal, deben cuando menos aferrarse, como a la última tabla de salvación moral, a la virtud de callar y no apañar ni con una palabra, ni con un gesto, aquello que no aprueban.

<>

El respeto a los demás es la primera evidencia del respeto a sí mismo. El insolente es un alma confusa y probablemente perdida.

<>

Cuando nos despojamos un poco siquiera del yo, la vida se vuelve más hermosa, el sol parece resplandecer más y nos damos cuenta de que en nosotros ni comienza ni termina el mundo, y que hay otros seres que sienten, aman, y sufren, como nosotros también.

<>

La mentira es siempre fea, cobarde y bochornosa; pero cuando se dice con cinismo y desvergüenza toma entonces proporciones colosales, y a quien la dice, le brotan cuernos y pezuñas, y se le ve la larga cola ponzoñosa y el tridente en la mano…

<>

Acabo de ver un documental donde un joven de una tribu del Amazonas decía que él "no quería tener esposa porque las muchachas eran problemáticas y hablaban mucho". ¡Yo podría casi jurar que ese joven ha vivido ya en la civilización!

<>

Cuando un pueblo sufre el infortunio de caer bajo el yugo de fuerzas opresoras, sean ésta internas o externas, solo la concertación de todas las voluntades que rechazan ese yugo tendrán el suficiente empuje como para crear las condiciones necesarias para librarse de él.

<>

Es un crimen, y por demás muy grande, pasar indiferente ante el dolor ajeno, y es aun más patético si tenemos el modo de evitarlo o aliviarlo.

<>

Perder, y seguir tratando, es algo absolutamente necesario para toda victoria. El que se rinde ya sea por falta de voluntad, energías o convicción está ya derrotado, a menos que su rendición sea una táctica estratégica del momento, y no una verdadera capitulación ante lo adverso.

<>

La felicidad y la eficacia son un subproducto de la paciencia. El éxito raramente corona al impaciente.

<>

"Paciencia" no es sinónimo de inercia, ya que la paciencia es esencialmente proactiva aunque su andar sea lento. Quien busque triunfar, debe comenzar por ser paciente.

Puede que la paciencia no te evite el mal, pero sí incrementará tu efectividad en combatirlo.

<>

Una persona impaciente nunca alcanzará todo lo que pudiera, porque el impaciente no es, por seguro, un alma totalmente equilibrada.

<>

La experiencia, me han enseñado que mis necesidades o deseos son alcanzados más fácilmente cuando soy paciente y no me distraigo de la meta.

<>

¿Un santo impaciente? ¡No bromees!

<>

La paciencia y el trabajo no te harán más brillante de lo que eres, pero incuestionablemente te ayudarán a ser más exitoso en la vida.

<>

El terco y el impaciente probaron fuerza ¡y salieron empatados!

<>

Hay gentes que hablan tanto, sin consideración al interlocutor, que debieran aprenderse de memoria y aplicarse a sí mismos la máxima de Juan Wesley "Pensamos, y dejamos pensar"

El que crea, se crece y toma nuevas dimensiones, que son aquellas de la obra que ha creado, o del tiempo y el esfuerzo que puso en intentarlo.

<>

El mucho placer es tan indeseable como el dolor, y quizás sea un signo alarmante de algo aun más profundo y riesgoso; porque el dolor denuncia un problema, pero el mucho placer lo encubre y disimula.

<>

No hay persona más prescindible que aquella que se cree imprescindible.

<>

Ya sea por causa-efecto; ya sea por la gracia o la cólera divina, pero en esta vida se recoge, más tarde o más temprano, el fruto de todo lo que -ya sea por deseo expreso, por indiferencia o inercia- hemos plantado o permitido que germine y crezca.

<>

Lo hermoso es tan necesario al espíritu, como lo nutritivo al cuerpo. De otro modo la naturaleza entera no fuera tan bella y tan atractiva a los sentidos todos.

<>

Esta frase del Dalai Lama es tan cierta que no pude resistir el deseo de reproducirla: “Juzga tu éxito en función de aquello a lo que has renunciado para conseguirlo”

Si pierdes en tu empeño por algo, por lo menos, no pierdas la lección.

<>

Recuerda que a veces, no conseguir lo que deseaste, fue un maravilloso golpe de suerte, como por ejemplo la persona que lamentó hasta el llanto perder su avión, y éste se estrelló en el vuelo.

<>

Todo tiene su límite en este mundo: la paciencia, la fe, la constancia, las energías,…y cuando se llega a ese límite, todos somos iguales y respondemos de similar manera, lo único que, como todo, unos llegan primeros y otros después…

<>

Abre tus brazos al cambio, ¡pero no lo abraces! hasta que estés seguro que éste, no va traer más problemas que los beneficios que representa, o consecuencias, -para ti o para el prójimo-, que luego no puedas controlar.

<>

El genio sabe y hace: el hombre común goza o sufre las consecuencias de lo que encuentra en su paso por la vida.

<>

El hombre que vocifera contra algo, es a menudo menos efectivo que aquel que, calladamente, toma la acción apropiada para enmendarlo o combatirlo.

La protesta puede ser un buen primer paso contra algo que no aprobamos; pero si la protesta no se traduce luego en medidas concretas, para combatir eficazmente el objeto de nuestro descontento, la protesta degenera en un acto estéril ¡y hasta ridículo!

<>

En el problema cubano, como en el de otros pueblos, ha sido más determinante la indiferencia y el egoísmo de los muchos, -en el surgimiento y consolidación de la tiranía- que la maldad, la inteligencia o la astucia de los que se han decido enteramente por ella.

<>

El indiferente es en parte culpable de todo lo malo que sucede en su entorno, y acreedor en nada de todo lo bueno.

<>

Einstein dijo: Hay dos cosas infinitas: "El universo, y la estupidez humana" Ese hombre era un genio: ¡es muy probable que estuviera en lo cierto!

<>

Yo quisiera ser todo eso que mi pereza y mis miedos me han impedido lograr. Reconozco que la inteligencia tiene un gran papel en nuestras vidas, pero sostengo, por experiencia propia, que no es determinante ni mucho menos.

Los que creen que todo lo merecen: la riqueza, la admiración, etc. están al mismo nivel que aquellos que piensan que no merecen nada: son personas equivocadas y discapacitadas, que necesitan una mano amiga que los guíe a ese camino amplio, por el cual todos debemos transitar, y que se llama “humanidad e igualdad”.

<>

No soy un proteo, pero tampoco un yunque que resiste incólume, los más rudos golpes, porque piense que mi misión en la vida es moldear a los demás. La insistencia en cambiar a otros, nos enseña lo mucho que nosotros mismos debemos cambiar.

<>

Ni te consumas por los demás, ni uses a los demás como combustible para alcanzar tus deseos y aspiraciones; he ahí una fórmula equilibrada para vivir la vida.

<>

Si vas más allá de tus límites, ya estás en territorio desconocido ¡y hasta peligroso!

<>

Deja a los elefantes levantar la carga pesada; pero alimenta al elefante y se su compañero útil y amable.

<>

Como el que escribe una página, que debe ir corrigiendo los errores que siempre pasan; así el hombre debe vivir su vida, deshaciéndose de aquellas cosas que lo afean o empequeñecen.

<>

Nadie es tan sabio que no cometa errores, ni debe ser tan necio que no quiera enmendarlos lo antes posible y de la mejor manera posible.

<>

Los ingredientes mayores para toda felicidad y éxito posible son: Actuar, cuando hay que actuar. Esperar, cuando hay que esperar; y cesar, cuando hay que cesar. Otro importante elemento, es saberse acomodar a ciertas situaciones que no nos son agradables, pero que nosotros no tenemos el poder para cambiar, pues dependen de otros y no de nosotros mismos.

<>

Sólo los hombres verdaderamente grandes no sienten temor o aprehensión de llamar "amigo" a los pequeños. Los "seudo grandes", -como que en lo profundo de su alma no confían en su grandeza- tratan constantemente de levantar barreras y establecer distancia entre ellos y aquellos a quienes consideran inferiores, ya sea por la falta de riquezas financieras, o títulos universitarios, o rango social, o cualquiera otra tontería que nada tiene que ver con la grandeza.

La mejor de las intenciones es nada, pues es algo abstracto, imponderable. Pero la más pequeña demostración de apoyo, el más pequeño acto, es ya una evidencia de la intensión y por lo tanto puede rendir frutos. Actuar, es concretar los pensamientos.

<>

Con desertores no se forjan naciones ni se combate efectivamente al enemigo, pues el desertor es un “infiel” a su causa (recuérdese que fue “amigo” de aquel o aquello que abandonó) y ¿quién puede garantizarnos que no lo será a nuestros también?

<>

Negar la mano es más fácil que extenderla, pero la mano que se acostumbra a estar recogida en el regazo, termina atrofiándose y siendo inútil aun para sí misma.

<>

De los enemigos hay que cuidarse las veinticuatro horas del día. De los amigos, solo la mitad del tiempo.

<>

La felicidad no es otra cosa que saberse adaptar a la vida, y aceptar sin gruñidos, el peso que Dios, nosotros mismos, o circunstancias fortuitas, pusieron sobre nuestros hombros.

Uno no tiene necesidad de ser 'perfecto' -si es que la perfección pudiera alcanzarse- basta con que nos lo propongamos, intentándolo con sinceridad y esfuerzos.

<>

En todo, lo más temible es lo que no se ve, lo que ignoramos. El gusano que más efectivamente destruye, es el que carcome desde dentro.

<>

Toda mujer u hombre honrado es una flor. Toda mujer u hombre industrioso, es una semilla. Toda mujer u hombre que logra algo para beneficio del mundo, es un fruto hermoso y una vigorosa raíz.

<>

Es deber de cada creyente ayudar con su ejemplo, su testimonio -explícito o implícito- el avance el reino cristiano. No debemos esperar a que catástrofes naturales o aquellas provocadas por el hombre "nos empujen y obliguen" a buscar al prójimo y solidarizarnos con él.

<>

Ser bueno es la "misión imposible" de los malos.

<>

El hombre bueno sufre por las desigualdades que existen en el mundo. El malo padece cuando no puede perpetuarlas.

El peor error de los tiranos, es desconocer o menospreciar el hecho, de que si hubieran sido piadosos o menos malos, hubieran logrado mucho más, para sí mismos y para su pueblo.

<>

Norteamérica debe de alejarse del camino equivocado (sacar a Dios de las escuelas, las cortes, las clínicas, las ceremonias públicas…) o llegará al lugar equivocado.

<>

El rumbo norte, lleva al norte, el rumbo sur, conduce al sur. Y el que va sin rumbo, no llega a parte alguna; da vueltas en círculos: ¡Se pierde!

<>

No dejes sin atender NADA que tú aprecies: Ni tu carro, ni tus joyas, ni tu dinero, ni tus papeles y documentos importantes, ni tu mujer amada... porque siempre hay alguien, que ya sea por capricho, por necedad, o por pura maldad, buscarán apoderarse de ellos.

<>

Todas las tiranías son nocivas, aunque alcancen logros notables. El ser humano tiene un básico instinto de libertad, y cuando se la conculcan, se siente insatisfecho e inseguro, y siempre logra menos que lo que pudiera.

<>

¿Dices que amas? ¡Muéstralo con obras!

Se puede ser justo sin la necesidad de ser prepotente y odioso. Los que usan su poder sin el necesario ingrediente de la compasión, y el trato amable, pierden mucho de su humanidad y de su sano juicio.

<>

El egoísmo es el cadalso de la felicidad.

<>

No hay lógica para el ilógico. No hay Dios para el ateo. No hay lealtad para el infiel: quién no está apto para recibir o trasmitir algo, no lo percibe, y en consecuencia, para esa determinada persona, no existe.

<>

Mucho se padece sin la libertad, pero tanto igual se padece sin el amor. Es mas: la libertad es el amor hecho virtud política

<>

Los que son de la luz buscan la luz, y los que aman la mentira se alían con los que la practican, porque siempre, donde está lo podrido, allí surge el gusano.

<>

No tiene derecho a estar triste quien se siente satisfecho de sí.

Quien es capaz de conculcar la libertad, es capaz de matar a quien la exige.

<>

Es erróneo esperar a que el tiempo, la voluntad divina o la magnanimidad de otros, nos provea aquello que nosotros mismos pudiéramos lograr con un poco de trabajo, constancia o sacrificio, pero que por pereza no lo intentamos.

<>

El triunfo es la mitad del triunfo, la otra mitad son los medios, y sobre todo la honradez. Quien triunfa sin ser honrado ha perdido la suprema batalla, porque la victoria y el poder no crean noblezas sino que con frecuencia las corrompen.

<>

Soy un creyente profundo, pero tengo la convicción que cada individuo debe hacer cuanto esté en sus manos para construirse una casa, buscar empleo, o derrocar un tirano, y no debe dejarlo como tarea a sus semejantes o a su Dios.

<>

En las tiranías, como en las falsas religiones, como en los problemas sociales y todo lo demás: la pasividad es sinónimo de complicidad y de entrega.

La vida se encarga de cobrarle al imprudente -más tarde o más temprano- como prestamista inclemente, las deudas que éste contrajo con ella.

<>

Más logra el constante que el fuerte.

<>

La constancia, he ahí la gran matrona de todos los logros.

<>

La vida como el computador, es útil sólo si tú sabes cómo utilizar sus accesorios.

<>

Los hombres que se resignan a la esclavitud -aunque en su fuero interno preconicen la libertad- ¡la merecen!

<>

La paz, la justicia y la prosperidad, todos son sinónimos de trabajo y buen juicio. Tan aliado del mal es el que lo tiene de amigo, como el que se mantiene indiferente y no lo combate.

<>

Hay que estar en una guerra perenne contra los males espirituales, mentales o emocionales –como quiera que se les llame- porque ellos son como la mala hierba: no necesitan ni siembra, ni abono, ni cultivo para aparecer y prosperar.

En el amor, la amistad y el trabajo actúa de manera tal, que nunca tengas que pedir perdón, pero si por infortunio debes hacerlo, no te apene invocarlo y hacerte luego acreedor de merecerlo.

<>

La felicidad sólo es posible cuando viene de lo bueno y lo hermoso. Los placeres son euforia momentánea y de corta vida, y a menudo degeneran en tedio y cansancio, porque son como el rocío nocturno, que aunque humedece, no nutre.

<>

Las almas, como las plantas, traen consigo por naturaleza, la necesidad de una mayor o menor dosis de nutrientes y luz, y cuando esa necesidad no es satisfecha o es exageradamente proporcionada tanto las unas como las otras, sufren daños de graves consecuencias ¡y hasta mortales!

<>

El desagradecido y el antisocial tienen mucho en común: sólo les importa su propia persona, y van tomando lo que quieren sin importarle el daño que causan o las ilusiones y la paz que frustran.

<>

Experiencia es aprendizaje, no repetición de un acto. Hay seres que por mucho que hayan estado ejerciendo o experimentando algo, salen sin ninguna o muy poca experiencia, porque no se preocuparon de aprender y lo que vieron o hicieron les resbaló como el agua por el cuerpo del ave acuática

<>

Conversando con un famoso escritor ya bien entrado en años le pregunto ¿Has escrito algo nuevo? El me mira fijo y con voz tenue y pausada me contesta "Estoy borrando…".

<>

Si no haces bien al prójimo, y no estás contento de ti mismo, yo no quiero estar en tus zapatos, porque de seguro molestan y deforman el pié.

<>

Leí o lo he escuchado en algún lado "Sigue siendo como eres, que los demás seguirán siendo como son". Esta frase tiene mucho de verdad, pero también es peligrosa, pues podría llevarnos al vicio de justificar nuestras faltas y debilidades y querer perpetuarlas.

<>

Prevenir, y apartarse de lo nocivo, es una forma más -y quizás la más efectiva- de combatirlo.

<>

¿Qué es un vicio? ¡Un vicio soy yo!: que ahora me llamo fumador, drogadicto, borracho o infiel. Y hasta tengo mi apellido: 'Compulsivo Irresponsable'

El mejor soldado no es el más osado, ni el que mata o neutraliza más enemigos, sino el que enciende en sus compañeros de lucha, la pasión por la causa o el bando que defienden.

<>

La primera víctima de la injusticia es aquel que la práctica; porque le desgarra el alma, le mutila los sentimientos, y acaba por rebajarlo a niveles infrahumanos, si con la prudencia y la buena voluntad no la combate como a virus mortal.

<>

El malo solo piensa en sí: el bueno en todos. El bueno es como la palma: embellece, da palmiche para alimentar los animales, la yagua para contener líquidos, la hoja para hacer techos, tablas para hacer paredes, y el 'palmito' que sirve para comer. El malo es como el guao, que te hace rochas si lo tocas.

<>

Hay que estar en contacto perenne con la naturaleza; quien se dedica sólo a lo intelectual, se brutaliza.

<>

Es deber de cada humano ser lo mejor que pueda ser, e ir limando las aristas de todo aquello que lo separe de lo hermoso o lo tiente a olvidarse de que 'hoy es y mañana no ya no será'

La tentación de aparentar grandeza, nos hace más vulnerables a la pequeñez, que aun nuestras propias limitaciones.

<>

Yo no vine al mundo a hablar de mis 'grandezas', sino a demostrar con hechos que las poseo. Si fallo en hacerlo: nunca las tuve.

<>

La vanidad es la fortuna de las almas pequeñas.

<>

Nada produce tanto gozo, y nos conduce a lo que llamamos felicidad, como sentirse limpia el alma, y puro el pensamiento.

<>

Para mi es inexplicable como un hombre como Fidel Castro, que la naturaleza le dio TODO, se va de este mundo dejando a un pueblo paupérrimo y lleno de odios y frustraciones. Mientras que la Madre Teresa de Calcuta, por ejemplo, una mujer sin atractivo físico alguno, sin dinero, sin poder, murió –y sigue siendo todavía- venerada por todos.

Sin libertad no hay felicidad posible. Hasta las bestias sufren cuando no están libres, y hay algunas especies del reino animal, que hasta mueren si están en cautiverio.

<>

Corrompe a un pueblo el gobierno que da como limosna o dádiva merecida aquello que el individuo pudiera granjearse por su propio esfuerzo; pues toda dádiva lleva implícita una dependencia en cierto grado de quien la otorga, e incita y promueve la holgazanería y el vicio de huirle al trabajo sistemático y responsable.

<>

Decía Napoleón Bonaparte que: "La música es el más soportable de los ruidos", y yo pienso: ¿Cómo se sentiría él en medio del fragor de los cañones que fueron sus compañeros inseparables? ¡Es que a quien le gusta algo lo filtra a través del gusto y le remueve todo lo que pudiera hacerlo indeseable!

<>

Mi vecino alarga la medida de mi paciencia, y me hace sentir orgulloso de ser más fuerte que la ley del talión.

<>

Cuando tengas un vecino malo, sigue tú siendo bueno, o él te habrá convertido en su discípulo y émulo.

A la sombra, como a la sabiduría, hay que buscarla: ella nunca viene a ti,

<>

Hay que ser un miserable para no dar, y un necio para dar indiscriminadamente.

<>

Sonríe al extraño, pero recuerda que el amor, el respeto, y la justicia empiezan por casa, e inclusive por ti mismo: quien sonríe al vecino y golpea a la esposa, no es una buena persona.

<>

Para mí, el ocio es más agotador que el trabajo, aunque algunas veces disfruto más el ocio.

<>

Ser feliz no significa no tener un día triste y hasta desastroso, así como que un atleta tropiece y se caiga no es para calificarlo de inepto y poco diestro.

<>

Si piensas en el mundo "como debiera ser" terminarás colérico y frustrado; si piensas en el mundo "como es" aprenderás a tener misericordia y vivir en paz con Dios y con los hombres.

La naturaleza no deja nada sin premio o sin castigo, y no porque quiera vengarse, sino para protegerse y protegernos contra nuestras ignorancias o maldades.

<>

Si hay una cosa en este mundo que uno debe seguir, esa cosa es la vocación. No he visto un solo ser que sea enteramente feliz ni completamente efectivo fuera de su vocación. Tu vocación es el mandato de Dios para ti: Síguela y perfecciónala.

<>

La vocación es un llamado y una orden de la naturaleza a ser y hacer aquello para lo cual fuimos creados.

<>

Parecería salir de un cerebro desquiciado y una lógica torpe la noción, siempre verdadera, de que aun las más feroces guerras tienen como denominador común el miedo: Miedo a perder lo que se tiene, o a no lograr lo que se quiere.

<>

La rivalidad, entre el hombre y la mujer, termina siempre en fracaso para ambos, y para sociedad. Los géneros femenino y masculino son complementarios, no excluyentes. La 'batalla de lo sexos' es fratricida.

Quien teme la muerte, no ha vivido bien su vida o tiene algún desequilibrio emocional, pues la muerte es consecuencia segura de la vida.

<>

Con un billete de cien dólares como tarjeta de presentación, siempre encontrarás “un alma compasiva” que te ayude en la resolución de tus pequeños problemas.

<>

Antes de pedir favores, primero elogia un poco, pero elogia lo real, no fantasees ni mientas.

<>

La humildad es una virtud arisca que solo anida en el seguro espacio de las almas generosas.

<>

El amigo de ayer; que es enemigo hoy: ¡Nunca fue tu amigo, ni habrá de serlo! El mar, por mucha agua dulce que le caiga, sigue siendo mar.

<>

Encontramos en la vida lo que buscamos, muy raramente lo contrario, ¡Y eso por casualidad o herencia!

<>

Quien combate las riquezas, es torpe o está mal intencionado. Y cualquiera que sea el caso, ¡es temeroso! pues por las riquezas crecen los pueblos.

Quien invoca al diablo, es porque tiene comunión con él.

<>

Ten cuidado con el que te defiende: no vaya a ser que luego quiera cobrarte caro su defensa.

<>

Los hombres físicamente hermosos son una carga difícil de llevar aun para sí mismos. Lo contario sucede con las mujeres, que usan la belleza como su escudo y estandarte.

<>

Todo tiene su límite en este mundo: la paciencia, la fe, la constancia, el amor...y cuando se llega a ese límite, todos somos iguales, y respondemos de similar manera; lo único que, como en una carrera, unos llegan primeros y otros después.

<>

¿Derrochando en la juventud? ¡Mendigando en la senectud!

<>

Quien mucho contiende con el necio, a él se asemeja.

<>

Hay veces que uno no puede resolver un problema o alcanzar una meta, entonces pide ayuda a Dios. Hay veces que uno 'no quiere poder' hacer algo; y entonces uno tiene atenerse a las consecuencias

Si no temes a la muerte ni a la pobreza, amas, -y confías en que alguien te ama- ya tienes todo lo suficiente para ser feliz.

<>

Lo malo no es 'querer y no tener' -pues eso puede remediarse- lo malo es 'tener y no querer' porque las emociones no se cambian fácil, y crean enojo y frustración.

<>

Astucia no es ser pícaro y tramposo; sino discernir bien qué debemos hacer en cuada momento. El bien no llega usualmente por sí solo, hay que regarlo como a planta con el agua bendita del trabajo, la paciencia, y los buenos actos; y entonces aparece, como el espíritu de la lámpara maravillosa de Aladino, y complace nuestros deseos demostrando así que siempre estuvo en nosotros.

<>

Para ser feliz no es necesario tenerlo "todo". Hay muchos pobres que son más felices que los multimillonarios. Es más, usualmente los pobres son más felices que los ricos, y su felicidad, es más constante y estable, porque su fortuna la llevan dentro y no caen con la bolsa ni andan estresados en competir y ganar.

<>

Si no sabes apreciar tu fortuna te sentirás miserable siendo rico; recuerda esa frase genial: "Era tan pobre que solo tenía su dinero". No hay peor infortunio que la de un rico infeliz; porque ya no le quedan opciones.

<>

Quien sabe agradecer, sabe amar.

<>

¿Amistad? Una gran utopía a la que todos los cuerdos nos aferramos con la insensatez de locos.

<>

La amistad, como el amor de los enamorados, solo perdura mientras que ciertas reglas y condiciones se cumplan; y se desvanece como el hielo bajo el sol, cuando ambas partes no se complementan y necesiten.

<>

La imprevisión es la hermana gemela de la vagancia, y ellas dos juntas se llaman: las gemelas malditas.

<>

El pobre envidiaba a su vecino rico por sus riquezas; el rico se devanaba los sesos pensando cómo su vecino pobre se veía tan feliz a pesar de su pobreza. ¡Es que la felicidad no es una "posesión" sino una "sensación"!

<>

Se cauto con tus amigos: mañana podrían ser tu enemigo mortal, como sucedió con Judas y Cristo.

El que más se agacha para servirte, es el que más cerca está para poder darte golpes bajos ¡Sé cauto!

<>

En cuanto a los instintos, poco se diferencia el hombre de otros seres vivos que son esclavos obedientes y sumisos de ellos. El pájaro carpintero hace un hueco en un árbol para anidar; el avestruz en la tierra; la cigüeña en los techos…siempre ha sido así, y así será

<>

La constancia es la segunda mayor virtud del hombre.

<>

Ex abrupto y necedad no llegan por casualidad.

<>

Quien inspira es tan útil como quien levanta

<>

“Yo pudiera haber sido” es el insípido consuelo que se dan así mismos los seres que no son constantes ni previsores.

<>

En la resolución de tus problemas, más cuenta el que te inspira que el que por ti transpira y resuelve.

<>

Anticipa las cosas malas cuando esté en salud, y las cosas buenas cuando estés en el infortunio. Esto ha de serte valioso para enfrentar las pruebas y contratiempos que la vida ha de darte.

<>

Lo brutal es el último escalón de la conducta humana.

<>

La felicidad depende menos de la riqueza, el talento o el poder que tengamos, y más de la humildad y la frecuencia con que damos y servimos al prójimo.

<>

Hijo: aprende temprano a dar, aunque sea poco, que esto como otras tantas cosas del carácter, cuanto más se ejerce, más se robustece y perpetúa.

<>

Ningún hombre se conoce totalmente a sí mismo hasta que un gran pintor le hace una caricatura.

<>

Hoy he leído una frase genial que dice: "La mejor mano que podrás encontrar para ayudarte es la que tienes al final de tu brazo". Esa es buena filosofía y buen sentido común.

<>

El pavo, la oveja y el avestruz parecen un poco tontos y distraídos ¡pero han sobrevivido por milenios igual que el hombre! Eso nos enseña que están en el lugar correcto y hacen lo que tienen que hacer.

Uno de los mayores pesares de mi vida es no haber sido suficientemente paciente todo el tiempo. Amado Nervo dijo con gran acierto: "La paciencia es el eje moral y el gran secreto de las almas serenas"

<>

No sé por qué fatídica tendencia, siempre esperamos de otros, lo que nosotros mismos no queremos hacer.

<>

Yo creo en el poder de la oración sincera e íntima, y también creo en el poder del trabajo y la diligencia. Para mí, el que mucho pide es porque poco quiere hacer.

<>

Qué el perdón y la compasión superen mi cólera siempre: esa es la meta que me he trazado.

<>

La cuestión no está en "hacer" sino en "hacerlo bien" y para el bien.

<>

En la vida, aquel que nunca tuvo un problema que resolver, tiene un gran problema por venir, ¡y puede ser catastrófico! como el del pajarillo que no aprendió a volar y por lo tanto siempre está en peligro de caer al suelo y ser una víctima.

Cuando te hacen una petición necia, no te preocupes si le das una respuesta absurda: la merece.

<>

"Tu futuro está en tus manos" no es una bonita frase publicitaria ¡Es una realidad absoluta de la vida! Y quienes no la practican -y buscan dádivas humanas o divinas- terminan siempre defraudados.

<>

La cortesía, la cooperación, la sonrisa, son idiomas universales que no necesitan palabras y conquistan un mundo.

<>

Según James Allen, escritor inglés: "Cada ser humano es forjador de sí mismo en virtud de los pensamientos que escoge y estimula". Yo adopto esta afirmación con el calor de un hijo.

<>

No cumplir con los reclamos de la justicia, es un pecado igual que no cumplir con los reclamos de la libertad. ¿Y cuáles son esos reclamos? –Ser justos y ser libres.

<>

¡Qué a la palabra que guía, siga la mano que ayuda! Los 'consejos' casi siempre son estériles. La ayuda materializada, muchas veces echa raíces y fructifica.

Todo es bueno… si llega a tiempo y no daña.

<>

Se bueno hasta donde te alcancen tus fuerzas, más justo siempre, pues para hacer justicia hay que tener mucho de piedad.

<>

Dar la vida no implica ni da derecho, a causar la muerte o cambiar un destino.

<>

El deber no se delega ni se posterga, nunca.

<>

No des al menesteroso todo lo que necesita; déjale siempre un margen para que logre y se ejerza a sí mismo.

<>

Hijo: Ayuda al pobre y al desvalido siempre que puedas, pero no te asocies nunca con él, pues en cuanto las cosas no vayan como él percibe que deben ser, descargará sobre ti, con furia y saña todas las frustraciones y complejos de su vida pasada. La pobreza es más un síntoma de vagancia e imprevisión, que una consecuencia lógica de las injusticias sociales o la incapacidad personal.

<>

Los goces continuos, aun aquellos de poca intensidad o trascendencia, nos ablandan y hacen olvidar que somos mortales. El dolor no exagerado, tiempla y acrisola el carácter.

<>

Los altivos, los que buscan loores -aun por actos heroicos- no son de la estirpe de los grandes hombres, sino vasos vacíos y hojas que simulan pétalos.

<>

La virtud mayor de un hombre no está en reconocer sus errores, sino en corregirlos.

<>

Cuídate de los amigos con la mesura que dan la prudencia y la sabiduría, pues aunque tú permanezcas fiel, como Juan el discípulo, tu amigo podría convertirse en el Pedro que niega, o peor, en el Judas que traiciona y entrega.

<>

El ciudadano que solo piensa en su bolsillo, su partido político, o sus preferencias por un lider, sin analizar las posibles consecuencias que su voto tenga para la comunidad, está sembrando la semilla de la fatalidad y fabricando sus propias cadenas; está vendiendo su primogenitura.

<>

Comprensión, es lo que necesitamos. Amor, es lo que damos.

El deber de una persona es de cumplimiento obligatorio, moralmente.

<>

Criticar es el más mundano y común de todos los vicios.

<>

Todos vamos corriendo locamente detrás de la teta del deseo… ¡Y a veces el que no corre, vuela!

<>

Para relajar el músculo tenso: alegra el corazón.

<>

Según el sicólogo Dr. Luis Gaviria "elegir y enfocar" es el mejor antídoto contra la depresión… ¡yo también lo creo!

<>

Mentira es que quiere a la patria quien desprecia o maltrata a sus conciudadanos, porque ¿qué es la patria sino su pueblo, sus raíces, la cuna de sus ascendientes, la tumba de sus descendientes? La patria es un pedazo mismo de lo eterno.

<>

Resulta más fácil prohibir del todo, que frenar en parte, porque a lo prohibido solo se asoman las cabezas fuertes.

La mujer muy bella es casi siempre 'muy bella' solo por fuera; ya que lo que compra su belleza la va haciendo -aun contra su propio deseo- vanidosa y liviana.

<>

Como arena movediza o arcoíris fugaz es la persona inconstante. ¡Aprended de la hormiga, el castor y la abeja cuánto vale seguir, y seguir, y seguir…!

<>

La inconformidad enferma a los débiles, ¡y energiza a los fuertes para cambiar aquello que les molesta o hiere!

<>

Hijo mío: No comas el pan que te ofrece la mano que hurta o mata, porque está envenenado y te pudrirá las entrañas.

<>

Da todo lo que puedas, y habrás sembrado sin buscarlo quizás, la posibilidad de recibir mucho. Acapara y niega tu mano al necesitado, y habrás arado en el mar.

<>

Criminal y perversa como la crueldad, así es la indiferencia.

<>

El que critica y desprecia las riquezas, es porque invariablemente, ha perdido la esperanza de alcanzarlas.

Un gordo es un individuo de generalmente alto coeficiente intelectual, buena disposición para el trabajo, excelentes dotes de relaciones interpersonales, gran interés por la paz y la concordia universal, que sabe lo que quiere… ¡y se lo come!

<>

Alguien al presentarme a un grupo de personas a quienes yo debía hablar, hizo esta brillante introducción: "Tengo sumo placer en presentar al Señor Miguel Sanfiel, un hombre honesto, luchador, con grandes dotes intelectuales que debido a la extrema pobreza en que vivió durante su infancia y años mozos, no tuvo la oportunidad de desarrollarlas"

<>

Lo mínimo que moralmente debe hacerse para oponerse a un mal cualquiera, es hacer lo máximo que esté en nuestras posibilidades.

<>

La cuestión no está en predicar la perfección, sino en encarar los deberes con responsabilidad.

<>

No es sabio despreciar aquello que la gran mayoría de nuestros congéneres han deseado y buscado a través de la historia. La naturaleza no se equivoca. Eso lo ejemplifica la conducta de los elefantes salvajes, que al no encontrar las sales que necesitan en su dieta de hierbas, hacen huecos con su trompa en las lagunas, para allí encontrarlas.

<>

Todo lo antinatural, por inocuo que parezca, a la larga es nocivo.

<>

Quien les tenga odio visceral a los homosexuales, debe hacerse examinar por un psiquiatra, pues quizás detrás de ese "odio" está el temor de padecer "la misma enfermedad". Cuando uno es inmune contra algo, aunque lo evite por prudencia, no le teme.

<>

Cerrar los ojos ante un mal que avanza, es de hecho hacerse, su aliado o su víctima.

<>

El deseo sin la práctica no lleva al cielo ni al infierno. El deseo, para convertirse en pecado, debe ser aprobado y realizado. Ahora bien, cuando usted desea algo inapropiado todo el tiempo, eso no es ya un deseo, es una capitulación del carácter ante ese 'algo' e irremediablemente le traerá consecuencias.

<>

Si el amor fuera árbol, sus flores serían la justicia; y sus frutos, la paz.

Todo lo que afecta el equilibrio de las cosas, afecta su eficacia.

<>

El pueblo que no honra a sus caídos, no tiene derecho ni posibilidad de levantarse.

<>

Hoy más que nunca, debido a las turbulentas circunstancias políticas y sociales por las que atraviesa el país, se hace actual la célebre frase del gran Ronald Reagan: "Si no nosotros "¿Quién?" "Si no ahora ¿cuándo?"

<>

No pensemos que 'el tiempo va a mejorar las cosas' ni dejemos a Dios la tarea que Él nos encomendó cuando dijo: "Vosotros sois la sal de la tierra".

<>

Ningún mal se conjura ignorándolo: ¡muchos lo suelen ser, combatiéndolos!

<>

Recordemos las palabras de Proverbios 6:6-11: "Ve a la hormiga, ¡oh, perezoso! mira sus caminos se sabio; la cual no teniendo capitán, ni gobernador, ni señor, prepara en el verano su comida, y recoge en el tiempo de la siega su mantenimiento .Perezoso ¿hasta cuándo has de dormir? ¿Cuándo te levantarás de tu sueño? Un poco de sueño, un poco de dormitar, y cruzar las manos para reposo; así vendrá tu necesidad como caminante y tu pobreza como hombre armado”

<>

“El pez muere por la boca…” ¡y la gente también! -Por lo que come, bebe, y dice-.

<>

La naturaleza y personalidad de Cristo, son una Biblia abierta, hablada y explicada.

<>

“Lo que el ojo no ve…” El corazón ¡Sí lo siente! físicamente hablando.

<>

Quien no sabe comprar, no sabe comer.

<>

Mi sano consejo en todas las áreas de tu vida, incluyendo el comer: trata siempre de reducir al mínimo lo malo, e incrementar al máximo lo bueno.

<>

Los ingredientes mayores para todo éxito o felicidad posible son: Actuar, cuando hay que actuar. Esperar, cuando hay que esperar. Cesar, cuando hay que cesar. Y acomodarse a ciertas situaciones que no nos son enteramente agradables, pero que no se pueden cambiar porque dependen de otros y no de nosotros mismos.

Después que tienes lo rico adentro… sacártelo de la boca es un tormento.

<>

El tullido y el que odia, son dos discapacitados iguales.

<>

El castigo repetido, pierde sustancia y fuerza, y se vuelve contraproducente y nocivo.

<>

Lo que no puedas ocultar, ¡resáltalo!

<>

No hay pensamiento más relajante y benefactor del alma que poder decir con honestidad al final de la jornada o de la vida: hice todo lo mejor que pude.

<>

Si no le pones la atención debida, lo que percibes o haces, pasa como un el viento leve y no se graba en tu conciencia ni para bien ni para mal.

<>

La fama y el poder son la prueba más difícil del carácter de un hombre.

El hombre político es una balanza perfecta que, se inclina a la derecha o a la izquierda, según donde sienta "el peso".

<>

Admiro mucho a la hembra en su rol de mujer y madre. En todo lo demás, la tengo por igual o menos que el hombre.

<>

La vanidad de la mujer la lleva a comportamientos pueriles y hasta execrables: dale a la mujer fortuna y placer y te seguirá, cual caballo embridado, hasta el sepulcro mismo.

<>

A todo el mundo, grandes o chicos, le doy el beneficio de la duda -casi ningún otro beneficio.

<>

Como la flor que se deshoja, es el virtuoso que se acongoja.

<>

La virtud crece proporcionalmente al dolor: un ser que no ha sufrido es oro no probado.

<>

El camaleón que se duerme... no cambia de color y se hace más fácil presa de sus enemigos naturales.

<>

La pereza es el hijo huérfano del talento.

Hijo, por favor, recuerda que se ensucia más fácil que se lava; que se pierde más pronto que se gana.

<>

Es casi increíble pero cierto: Las alitas de pollo que sirven los restaurantes de comida rápida, causan más muertes en USA que los ataques terroristas del 9/11.

<>

Ladrón: Individuo que no cree en el concepto de la propiedad privada, y se decide a materializarlo.

<>

Si quieres vivir tu vida “al máximo”, posiblemente terminarás con “el mínimo” de cordura y satisfacción perdurable.

<>

Sabe y recuerda: Cosecharás con tus hijos lo que siembras con tus padres.

<>

El que mucho adula al vivo, ¡es porque lo quiere muerto!

<>

La paciencia es la prueba más fehaciente de la madurez y grandeza del carácter.

Sé que voy bien, porque soy feliz a pagar del dolor con que me ha cargado la vida.

<>

Lo que se hace de prisa, hay que luego enmendarlo con paciencia.

<>

La humildad es la virtud máxima del carácter.

<>

Acabo de oír en la televisión, que la cantidad de miel que una abeja produce en todo su vida, es solo una cucharadita. -¿Y toda esa miel en los mercados?- Viene de la cooperación y el trabajo de muchas. ¡Así pasa con las sociedades humanas!

<>

Cuenta la leyenda que Ícaro, en su vuelo maravilloso, se acercó tanto al sol, que se quemó las alas. Yo entiendo que ésto, más que una leyenda, es una alegoría y una parábola.

<>

Ningún astuto es necio: el desconfiado, con bastante probabilidad, sí puede serlo.

<>

La astucia, como el caparazón del caracol, protege al que la ejerce aunque no lo haga invulnerable.

Le digo al médico: doctor, tengo bastante grasa acumulada en el abdomen ¿Es cosa para preocuparme? "No, es cosa para reducir la ingestión de los dulces y otras golosinas". -Me responde-. ¡Una gran enseñanza moral!

<>

Las gentes generalmente no se venden, sino que se alquilan por una cuota, que está más relacionada con la necesidad del momento, que con el valor del servicio.

<>

Quien busca los honores y la fama, merece el castigo que, casi siempre, trae aparejado con ellos.

<>

Del cristal y el hombre, nada te asombre.

<>

Sin el crisol del dolor, no hay virtud.

<>

Nunca hagas nada que no puedas deshacer o restañar después, si fuera necesario.

<>

"Matar el tiempo" es tanto un crimen con abusar de un ser viviente.

¿Qué qué opino yo de la pobreza? Qué es un mal cuyas víctimas, son casi exclusivamente, aquellos que no avizoran o no les importa el futuro.

<>

La firmeza es buena; pero al estancamiento y la tozudez son malas. Quien no evoluciona con el conocimiento y la experiencia, se daña.

<>

El interés es más pertinaz y osado que la mayoría de nuestras virtudes.

<>

"No puedo, no puedo", decía Inés: ¡hasta que se le despertó el interés!

<>

El disfraz más socorrido del interés, es la piedad y la buena voluntad.

<>

Lo que se da al que tiene, del interés viene.

<>

La cigarra canta para anunciarse: no para divertir al público.

Lo único que se igual al interés, es la vocación, y aun ésta tiene su mucho de interés.

<>

La mujer tiene dos armas poderosas: La belleza y la astucia. Y el hombre que no cae por la una, cae por la otra… ¡pero cae!

<>

El interés despierta hasta al más consumado dormilón.

<>

Lo que a la piedad le queda corto, le sobra al interés.

<>

La mujer que se parece al hombre o imita al hombre, va errada, porque ese no es su papel en la naturaleza. La mujer. con sus encantos y pequeñeces, fue destinada a suplir las deficiencias del hombre y sus inclinaciones a estar atado a la tierra.

<>

Nunca es bueno dejar un mal recuerdo: la vida da muchas vueltas, y uno nunca sabe... Quien es hoy tu amigo, mañana puede ser tu enemigo, y vice versa.

<>

Ser honestos es tanto un deber, como pagar las deudas.

¿Por qué juzgar? si en verdad todos somos reos que hemos delinquido, y que habremos de comparecer ante el mismo tribunal, cuya ley segunda es la justicia.

<>

Líder es todo aquel que ve más allá -o quiere ir más allá- que los que le rodean.

<>

En política, el que resiste vence, porque los que le combaten, le temen y evitan.

<>

El ejército que gana todas las escaramuzas es temible, porque desalienta al enemigo y energiza las tropas.

<>

La constancia es la madre de todas las conquistas.

<>

Una cigarra hace más ruido que cien liebres: y así sucede con los comunistas y otras pestes sociales.

<>

Lo que eres, -además de ser el resultado de lo que fuiste- es también una semblanza, de lo que serás.

<>

El que pide para otro, merece tanto reconocimiento como si diera de lo suyo propio.

La queja es peor que la pereza; y la pereza es peor que la ignorancia.

<>

La persona quejumbrosa, es tan molesta e insegura, como un puente cuya base está maltrecha y se tambalea.

<>

El que mucho crea, poco se queja, y viceversa.

<>

Dios permitió los malos, para que los buenos ejerciten la bondad y la perfeccionen.

<>

La peor derrota la sufre aquel que nunca se decidió a comenzar la batalla; no el que se enfrentó a la circunstancias con fe y esperanza. Un ejemplo sublime de eso lo tenemos en Stephen Hawkins, quien en un estado físico deplorable, ha continuado trabajando en su teoría de la cosmogonía y participando en eventos sociales.

<>

Quien abusa de un niño, comete un crimen de lesa humanidad, porque ese niño puede llegar a ser un nuevo Adolfo Hitler, un Fidel Castro o un terrorista que buscará vengar en otros, su frustración y su dolor.

Matar a alguien que sirve, es un crimen; matar al proxeneta, al adultero, al ladrón, al vicioso…dígalo usted, que es tan sabio y taaan puro.

<>

Me voy acercando al fin inevitable de mi vida, y me duelen más las cosas buenas y bellas que dejé de hacer, que aquellas que por debilidad o ignorancia resultaron nocivas para mi mismo o para el mundo.

<>

Los que pretenden vivir la vida de otros -sea la sublime o la trágica- terminan siempre defraudados y maltrechos: Cada maguey debe habitar su propio caracol.

<>

En política, y solo en política, di a las gentes lo que desean oír; después habrá tiempo para presentar excusas si no puedes cumplir las promesas, pues las masas saben lo que quieren, mas no necesariamente lo que les conviene o es factible.

<>

No se apliquen los derechos humanos a quién no reconoce los derechos humanos; si lo hacemos le estaremos dando vía ancha a los que no creen en más que sus propios intereses y deseos.

Todo lo que necesita un piano para producir las más hermosas melodías, ¡es un buen pianista! Así el niño, para llegar a ser virtuoso, requiere de la educación y el amor que los padres le transfundan.

<>

Detenerse ante el signo de "Pare" no es opcional, como tampoco lo es, no cumplir con las normas sociales.

<>

Quien de aprisa mira, solo asimila lo más obvio, y no lo trascendente.

<>

A veces me pregunto: ¿Para qué pienso? Y mi voz se hace eco difuso que indaga: ¿Para qué vives?

<>

Lo que mal empieza...hazlo de otra manera y tendrás la oportunidad de hacerlo bien.

<>

Dime con quién te comulgas...y sabré donde encontrarte.

<>

La religión es a la fe, como la capa al cuerpo; y no como la viga al techo.

<>

Hay gentes que juran que la perfección no existe. Yo

sostengo que sí; por ejemplo: aquel que a la tercera vez no aprende, es un "Perfecto Idiota".

<>

TAN MALO COMO…

Tan malo como el estrés, la depresión es.

Tan malo como acaparar, es despilfarrar.

Tan malo como desobedecer, es imponer.

Tan malo como la mentira, es la verdad que se estira.

Tan malo como no comer, es por la gula padecer.

Tan malo como holgazanear, es demasiado trabajar.

Tan malo como nunca dar, es tu trabajo regalar.

Tan malo como no dormir, es para eso existir.

Tan malo como esclavizar, es dejarse dominar.

Tan malo como ofender, es de marioneta hacer.

Tan malo como robar, es las deudas ignorar.

MEJOR ES…

Mejor es ser rico que pobre,

aunque el dinero te sobre.

Mejor el chisme no escuchar

que ponerse a averiguar.

Mejor es mucho esforzarse,

que no hacer nada y estancarse.

Mejor es lo trabajado,

que lo regalado.

Mejor es soñar despierto,

que solo vivir por lo muy cierto.

Mejor es guardar para mañana,

que mañana morirse de las ganas.

Mejor es mandar que ser mandado,

¡pues el que no controla, es controlado!

Mejor es lo suficiente que lo demasiado, porque lo primero te satisface, pero lo segundo, te deja hastiado.

<>

El gobierno que no provee para sus ciudadanos más vulnerables (el niño, el anciano, el discapacitado, el enfermo) solo tiene un nombre: desgobierno.

ES IGUAL…

Es igual gozar que sufrir, porque después que pasan ya pierden su esencia y su poder.

Es igual ser pequeño que grande, porque ciertos lugares has de sentirte incómodo.

Es igual ser bello que feo, pues “para los gustos se hicieron los colores”

Es igual sembrar que recoger, porque ambos se complementan y necesitan mutuamente.

<>

¿Qué será lo que tienen la música, las artes todas, y el amor, que sin ellos la vida humana se hace aburrida y pesada?

<>

Así como los metales y otros cuerpos preciosos dan sentido a la minería, así el amor, la libertad y la fraternidad, dan sentido a la vida humana.

<>

El llamado “Estado Islámico” (ISIS) nos da la exacta medida de lo peligroso y brutal que son los fanatismos, y hasta dónde puede enloquecer aun a los cerebros más brillantes. El que se fanatiza, se esclaviza.

Gandhi escapó ileso del poder de Inglaterra, pero no sobrevivió al fanatismo de su propia gente.

<>

Hijo: Teme al "Taxista mental" porque vive de alquilarse al mejor postor y no es leal a nadie más que su apetito o su necesidad.

<>

Los que se atrincheran en una idea son más efectivos y peligrosos que los que conducen un tanque de guerra.

<>

Cambiar de opinión es honorable siempre y cuando se haga por convicción, no por acomodarse al momento y la ganancia.

<>

Al hombre le afectan más las infidelidades que a la mujer, porque éste las liga más que aquella, a sus propias deficiencias o complejos mentales.

<>

Para dar... siempre hay tiempo para dar. Para recibir... ¡hay que aprovechar la oportunidad!

<>

Escribo para conocerme a mí mismo; y creo que Miguel Ángel pintaba con el mismo propósito, -lo tuviera consciente o no- usualmente el creador lo hace como sucede con la necesidad física de evacuar los desechos corporales.

<>

El desesperado, es siempre un equivocado.

<>

El que no cuida su interés, ciento por ciento tonto es.

<>

El que con prisa da, de su dádiva se arrepentirá.

<>

Si se hace tan difícil conseguir dinero para arreglar las calles o implementar servicios sociales: ¿de dónde vienen los fondos para costear las guerras?

<>

El consuelo de la esperanza no aplaca el hambre; por eso, seguido a la palabra de piedad, debe ir siempre -para darles fuerza y sentido- el acto que la concreta en hechos.

<>

Privilegios no, pero derechos sí, a todos y en todo; siempre y cuando tus derechos, no interfieran con los derechos ajenos.

<>

El pobre que quiere vivir como rico, muere preso o mendigando, adicto a las drogas, o mentalmente enfermo.

Ordinariamente se piensa que la mujer muy bella, no tiene talento. Si verdad eso fuera, su hermano gemelo sería el individuo que con su verbo seduce. No te confíes.

<>

El castigo repetido pierde sustancia y fuerza; y se vuelve contraproducente y nocivo.

<>

Lo que no puedas ocultar... ¡resáltalo!

<>

No hay pensamiento más relajante y benefactor del alma que poder decir con honestidad, al final de la jornada o de la vida: "hice todo lo mejor que pude".

<>

Si no pones la atención debida, lo que percibes o haces pasa como un espejismo y no se graba en tu conciencia ni para bien, ni para mal.

<>

Yo admiro mucho a la mujer en su papel de mujer y madre; en todo lo demás, la tengo por igual o menos que el hombre.

<>

El hombre político es una balanza perfecta que se inclina hacia la derecha o a la izquierda, según donde sienta "el peso".

La fama y el poder, son la prueba más difícil del carácter de un hombre.

<>

La vanidad de la mujer la lleva a comportamientos pueriles y hasta execrables: dale a una mujer fortuna y placer y te seguirá, cual caballo embridado, hasta el sepulcro mismo.

<>

Yo a todo el mundo, grandes o chicos, le doy el beneficio de la duda: casi ningún otro beneficio.

<>

Como la flor que se deshoja, es el virtuoso que se acongoja.

<>

La virtud crece proporcionalmente al dolor.

<>

La pereza es el hijo huérfano del talento.

<>

Si naciste camaleón, adáptate al medio; si naciste castor, transfórmalo. No trates lo contrario, porque perecerás y además, no habrás contribuido a tu papel en la naturaleza.

<>

Hijo, por favor, recuerda que se ensucia más fácil que se lava; que se pierde más pronto que se gana.

Es casi increíble, pero cierto: las alitas de pollo que sirven los restaurantes de comida rápida, causan más muertes cada año, que los ataques terroristas del 9/11.

<>

Si quieres vivir tu vida “al máximo”, posiblemente terminarás con el “mínimo” de cordura y satisfacción perdurable.

<>

Sabe y recuerda: cosecharás con tus hijos lo que siembras con tus padres.

<>

Dos cosas me son insoportables: el ruido alto e incesante, y la lisonja que se extiende más allá de unas frases cortas y obvias o demostrables.

<>

El que mucho adula al vivo: ¡es porque lo quiere muerto!

<>

La paciencia es la prueba más fehaciente de la madurez y grandeza del carácter.

<>

Sé que voy bien, porque soy feliz a pesar del dolor con que me ha cargado la vida.

A pocas cosas temo tanto como al adulón.

<>

Lo que se hace de prisa, hay que luego enmendarlo con paciencia.

<>

La humildad es la virtud máxima del carácter.

<>

No todas las orugas, paren mariposas: no todo acto “bueno” se hace por piedad o por respeto.

<>

El que mucho pide a Dios, poco le agradece.

<>

“Justicia” es la parte de la ley humana o divina que nos favorece; lo demás son “preceptos gravosos” con las que hay que adaptarse a vivir.

<>

Lo que eres capaz de pagar o hacer por satisfacer tus gustos, prueba lo intenso y profundo que te han calado

<>

Escribe, escritor; vuela, pájaro; martillea, martillo: ¡cumple tu misión en la vida!

Si la culpa 'nunca cae al suelo': ¡es porque alguien la tiene!

<>

Durante toda mi vida en aquello que he emprendido y fracasado, la desesperanza ha sido mi Talón de Aquiles.

<>

Se dice que la cantidad de miel que una abeja produce en toda su vida, es solo una cucharadita. ¿Y toda esa miel en los mercados? ¡Viene de la cooperación y el trabajo de muchas! Y así pasa con las sociedades humanas.

<>

Cuenta la leyenda que Ícaro, en su vuelo maravilloso, se acercó tanto al sol que se quemó las alas. Yo entiendo que esto, más que una leyenda, es una parábola muy ilustrativa.

<>

El racismo es la más estúpidas de todas las necedades; porque es el hombre disminuyendo al hombre.

<>

Perdona, perdona, perdona, para que cuando tengas que ser perdonado no te avergüences.

<>

En política, el que persiste vence, porque los que le combaten, le temen y evitan debido a su obstinada virtud.

El ejército que gana todas las escaramuzas es temible, porque desalienta al enemigo y energiza las tropas.

<>

Una cigarra hace más ruido que cien liebres: ¡así sucede con los comunistas y otras pestes sociales!

<>

La constancia es la madre de todas las conquistas.

<>

El que pide para otro, merece tanto reconocimiento como si diera de lo suyo propio

<>

La queja es peor que la pereza, ¡y mira que la pereza es mala...!

<>

Hago lo más y lo mejor que puedo, el resto se lo dejo a Dios. ¡No al revés...!

<>

La persona quejumbrosa, es tan molesta e insegura, como un puente cuya base está maltrecha y se tambalea.

<>

El que mucho crea, poco se queja… y vice versa.

El que abusa de un niño, comete un crimen de lesa humanidad, porque ese niño puede llegar a ser un nuevo Adolfo Hitler, un Fidel Castro o un terrorista que venga en otros, su frustración y su dolor.

<>

El que abusa de la confianza, merece el doble de castigo.

<>

La única queja que es beneficioso repetir, es la ajena, porque puede que nos mueva a remediarla.

<>

Me voy acercando al fin de mi vida; y me pesan más las cosas buenas que dejé de hacer, que aquellas que por debilidad o ignorancia resultaron nocivas para mi mismo o para el mundo.

<>

Los que pretenden vivir la vida de otros, sea la sublime o la trágica, terminan siempre defraudados y maltrechos: Cada maguey debe habitar su propio caracol.

<>

Con lo que no puedas vender, ¡estás perdiendo el tiempo!

<>

Una vida vacía, es mucho peor que una vida colmada de pueriles errores.

Quien quita a un hombre su libertad, es un criminal; el que se la deja quitar, es un idiota; el que no trabaja para preservarla, es un proxeneta que trafica con ella por la satisfacción de apetitos vanos y egoístas.

<>

No se apliquen los derechos humanos a quien no reconoce los derechos humanos; pues si lo hacemos, le estamos dando vía ancha a los que no creen en más que sus propios intereses y deseos.

<>

Hay que ir viviendo mientras se vive y trabaja para el futuro; y si sacrificios son necesarios, estos no deben ser superiores al probable beneficio que se derivaría de lograr las metas que nos hemos propuesto.

<>

Quien controla tu economía, controla tu vida. Así que si vas a depender de alguien, hazlo por elección, y con condiciones específicas y transitorias.

<>

Cuídate más del daño que tus malas obras pueden hacerte a ti mismo, que lo que pudiera resultar nocivo para el prójimo, pues él también debe ejercer prudencia; pero tú, cuando obras mal, por maldad o necedad es, y eso te complica la vida.

Con mi diligencia, experiencia, y los conocimientos que he adquirido durante la vida, ya he logrado penetrar algunos centímetros de la eternidad, que consta, según parece, de un infinito número de trillones de millas.

<>

Hijo: por nada ni en nada te dañes, ni te dejes dañar, -¡que es lo mismo, pero con poco de ayuda!-

<>

El consuelo de la esperanza no aplaca el hambre; por esa razón, seguido a la palabra de piedad, debe ir siempre, para darles fuerza y sentido, el acto que la concreta en hechos.

<>

Una mujer sin eso…y sin eso otro…es muy difícil de amar.

<>

Uno vale tanto para el otro, como el servicio que le estés prestando o la posibilidad futura de hacerlo.

<>

En la guerra de los sexos, como en cualquier guerra, el más débil y el menos creativo lleva las de perder.

<>

El que se aflige con facilidad, si a triunfar llegase, es por casualidad.

El triunfo no es de los buenos, sino de los sabios: mas, no se puede ser sabio sin ser bueno.

<>

Si la voluntad no existe como algo independiente y separado de las funciones físicas del organismo humano; si es a su vez, el producto secundario de las circunstancias en las cuales el individuo se ha desarrollado y vive; o el subproducto de las de los traumas y complejos sicológicos, entonces, a mi parecer, el concepto de la culpa y el mérito es brumoso y muy difícil, si no imposible, de aceptar.

<>

El fuerte y valiente, solo es así cuando se atreve a romper barreras que otros temen y evitan.

<>

La historia de la revolución Cubana, nos enseña que el enemigo más poderoso y efectivo no es el más fuerte, sino aquel que tiene la inteligencia, la paciencia, y la constancia para sumar voluntades.

<>

Quien conspira contra la familia, conspira contra Dios.

<>

Que no nos guste un color o la anatomía de una persona o raza. no debe ser tomado como racismo, siempre y cuando se acepte la esencia humana que es igual en toda criatura.

Truene, haga viento o relampaguee, hasta que no llueve, no se moja el suelo. Las promesas son frívolas, si no se magnifican en actos.

<>

Es bueno que la mujer luzca bella y se empeñe en lograrlo; lo reprobable y narcisista, es que use gran parte de su tiempo y recursos para ello.

<>

El deber de la víctima, no es 'callar y perdonar' mientras el victimario está en control de continuar el crimen. Su deber es defenderse, por todos los medios necesarios, para mantener su integridad personal y el respeto propio.

<>

La madre de Mahatma Gandhi no le dio su consentimiento a éste, para ir a estudiar a Inglaterra, hasta que él le prometiera: "No andar con chicas, no comer carne, y no olvidarse de su religión". Así él lo hizo, y luego no dejó de buscarse problemas hasta que lo asesinaron.

<>

Algunos me critican porque paso mucho tiempo regando las plantas y limpiando mi patio. No se dan cuenta que sin eso ya estuviera tullido y diciendo incoherencias.

<>

Los magos tienen una frase muy humorística que es: "El que más mira, menos ve". Quizás eso sea verdad en la magia, que se nutre de ilusiones, pero es una mentira cabal en todas las demás artes.

<>

Que yo sepa, en la naturaleza ninguna hembra protege al macho. Es el macho quien tiene que agenciársela para conquistarla y protegerla. Así, en lo humano, cuando ese orden se invierte, uno o ambos salen lastimados.

<>

Todo 'misterio' no es más que falta de información o conocimiento. Después que uno sabe cómo resolver un enigma, lo encuentra claro y transparente.

<>

Aunque hay casos de homosexualidad animal, las personas no tenemos que emularlos, pues ellos están siguiendo un instinto físico que resultó equivocado, y contra el cual no tienen opción, porque carecen de intelecto y voluntad.

<>

El homosexual que así nació, tiene derecho a serlo. El que lo escoge por voluntad propia, merece censura.

<>

Cuando no hay interés: perfección no 'esperés'.

Consejos Perdurables

♦ Cédele el paso al que está de prisa o te lo solicita, aunque tengas todo el derecho de no hacerlo, porque no sabes qué le puede estar sucediendo o cuál es su necesidad.

♦ No te burles ni critiques la religión, los gustos o el partido de nadie, pues por justo que seas, estará parcializado.

♦ Haz todo lo que te pida el deseo, siempre y cuando no lastimes al prójimo o a ti mismo.

♦ No te quejes de lo malo que existe o afecta tu vida; la queja es ancla que aguanta, y no motor que impulsa.

♦ Búscale a toda persona una cualidad o talento que estimule su orgullo, y díselo cada vez que lo estimes oportuno, aunque sin volverte lisonjero de oficio.

♦ No arriesgues por minucias tu salud, tu tranquilidad o tu honor.

♦ Aprende como la golondrina dónde debes pasar tu verano, y como el oso, dónde estar seguro en el invierno, pues el desprevenido siempre está en desventaja.

<>

La seguridad va antes que la piedad; el piadoso debe también ser prudente y decidir hasta dónde debe llegar.

<>

'Dame, dame', el haragán decía. 'Toma, toma', el necio respondía.

Que no nos guste un color o la anatomía de una persona o raza, no debe ser tomado como racismo, siempre y cuando se acepte la esencia humana, que es igual en toda criatura.

<>

Truene, haga viento o relampaguee, hasta que no llueva, no se moja el suelo. Las promesas son frívolas si no se concretan en actos.

<>

Quien no critica, justifica; y es ley de la vida, que el que no suma, substrae, porque no existimos en un vacio social, sino en el epicentro de las fuerzas que moldean el mundo.

<>

Es bueno, ¡muy bueno! que la mujer luzca bella y se empeñe en lograrlo. Lo reprobable y narcisista es que use gran parte de su tiempo y recursos para ello.

<>

Siempre apuesta a la paz, pues aunque no ganes, habrás estado en el bando de los virtuosos.

<>

Defenderse no es pecado, y es siempre moralmente correcto, a menos que se defienda lo injusto.

<>

El que vive de la palabra ¡debe hasta morir por su palabra!

El que paga, exige menos al que necesita más y con más urgencia.

<>

El odio es un vicio que va trepando, como enredadera venenosa, en todo espacio donde falta el amor.

<>

La única guerra justificable y necesaria es aquella que se libra para recobrar un bien preciado, no para arrebatarlo a quienes lo poseen por derecho propio. Por eso la guerra que hoy se libra contra el llamado: 'Estado Islámico', no es solo justa, sino también necesaria, porque se está combatiendo para salvaguardar al mundo de una tiranía totalitaria y feroz que cambiaría, en efecto, nuestra civilización, haciéndola esclava para siempre ya, de una doctrina religiosa extraviada, intolerante y llena de contradicciones, que no busca imponerse por la razón y la fe, sino por las amas y el terror.

<>

Estamos condicionados a interpretar la fuerza como parte integral de la justicia; por eso las tiranías que se consolidan por un largo periodo de tiempo llegan a parecernos menos malsanas y vulnerables que lo que en realidad son.

<>

Así como tenemos una determinada resistencia física, de modo igual tenemos una resistencia mental, emocional y espiritual, más allá de los cuales no podemos ir, aunque eso implique salvar la vida. Esto abre una profunda grieta entre el acto y la voluntad, la culpa y la justicia. Esos horrendos crímenes que nos dejan confundidos y en choque, son usualmente cometidos por gentes que llegaron al límite de su capacidad para resistir el peso de la carga que llevaban, y los vence. El santo no es mejor que el criminal; simplemente es diferente y puede expresarse de un modo constructivo y deseable.

<>

Quejarse con asiduidad, es una enfermedad

<>

La queja es como una gotera en el techo: también pudre el piso y los muebles

<>

El destino del quejón, es padecer del corazón.

<>

Lo malo del dolor, no es lo que duele, sin no lo que dura.

<>

Aquel que engendró a Herculito,

Es el padre de Herculón:

Esta es la verdad y tan pura,

que no admite discusión.

Lo fácil empuja a lo difícil.

<>

El peligro mayor está siempre en lo que no se ve o percibe, sea en medicina, química, física, sociología o política.

<>

Las señales de tráfico, puede ser que a veces nos incomoden, pero siempre nos protegen y hasta nos otorgan derechos. Así sucede con las normas morales.

<>

El ser humano no está diseñado para los extremos; y así como el calor y el frío extremos, matan; así la libertad sin medida degenera en un libertinaje tal, que el pueblo que la practica muere aniquilado por las mismas fuerzas que, manejadas con discreción y mesura, le hubiesen proporcionado el confort necesario para sentirse realizado y en paz.

<>

Como el que toma prestado, y no paga; así es el que ofrece y no cumple.

<>

El ciudadano que solo piensa en su bolsillo, su partido político, o en sus preferencias personales, sin analizar las consecuencias que su voto tiene para la comunidad, está sembrando la semilla de la fatalidad, y fabricando sus propias cadenas, está "Vendiendo su primogenitura" y dejándole a sus seres queridos una herencia funesta.

<>

No juzgues desfavorablemente a un hombre por su apariencia humilde y sencilla, pues detrás de la humildad y la sencillez, va con frecuencia, el carácter aplomado y viril.

<>

La fe, como la justicia, es ciega...¡y así son también los que la siguen sin cuestionarla! No que sean ciegos, si no que solo ven a través el cristal de la fe, y todo lo que se le oponga, es anatema para ellos, con lo que el raciocinio queda anulado o groseramente mutilado.

<>

Al niño se le debe instruir en las verdades que conocemos, y luego dejarle libre para que escoja y apadrine sus propias verdades.

<>

No busco que me quieran y acepten...sólo que me dejen vivir en paz sin la crítica constante o el intento grosero de vaciarme en el molde del prójimo que asume, por cuenta propia, que tiene toda la verdad.

<>

Cuando sonríes, casi siempre te devuelven la sonrisa; y aquellos que no lo hacen, y mantienen el rostro adusto, es porque son los más necesitados de ella.

La fe que no tiene hondas raíces en lo lógico y posible, termina siendo fanatismo furioso.

<>

EN VEZ DE…

En vez de decir: Eso es mentira; diga: Eso no se ajusta a la verdad.

En vez de decir, no puedo; diga: Se me hace muy difícil.

En vez de decir: No quiero; diga: No está en mis preferencias o posibilidades.

En vez de decir: Está mal hecho; diga: Eso no alcanza las normas que conozco; o: No parece ser eficaz para el propósito.

<>

GOTITAS PARA DILATAR LA PUPILA:

Nadie me llama…

-Porque tú no llamas a nadie.

Nadie me quiere…

-Porque tú no muestras afecto

Nadie me da…

-Porque eres tacaño y no cooperativo.

Nadie me besa/abraza/elogia…

Porque tú eres impenetrable y distante.

Nadie me ayuda…

-Porque tú vives para ti mismo y te olvidas del prójimo

Nadie me quiere emplear…

-Porque tú no tienes una profesión u oficio que esté en demanda.

<>

¿Amigos? Dos gustos o necesidades compartidos.

<>

Como tú quieres ser en lo profundo de tu alma, dice en esencia quien eres, aunque vayas un poco atrasado y necesites vigorizar el deseo para concretarlo.

<>

El ejemplo enseña más que la palabra o el libro, y se recuerda más. Da ejemplo de aquello que propones.

<>

La aceptación es el componente mayor del amor.

<>

El descortés, por pulcro que mantenga el cuerpo o las vestiduras, decente no es.

Quien listo está para ofender, le falta mucho que crecer, ¡y tiene mucho que aprender!

<>

Está lejos de Dios quien no está cerca de su prójimo, pues invalida el mandamiento que le conmina a amarlo.

<>

Las señales que Dios nos envía, son como los mensajes que nos mandan al celular: están ahí, pero a nosotros toca abrirlos, leerlos y contestarlos.

<>

El individuo exaltado es como los gases: que cuando se liberan se disipan, pero que comprimidos guardan presión, y son tan peligrosos, que hay que tratarlos con cuidado.

<>

No es lo que vale el que te ofende: es lo que vales tú, y tu comportamiento lo dirá.

<>

El violento, destruye en un momento lo que le cuesta al manso un año construir.

<>

El violento tiene algo –y quizás mucho- de irracional, porque la violencia no brota de la ponderación moderada y sana, sino de un sentimiento incontrolado de frustración y encono.

Los alardes restan mucho precisamente de aquello que buscan destacar, y enseñan que más que reconocimiento responsable a una virtud o posición nuestra, son "narcisismo intelectual" y un signo palpable de inseguridad emocional.

<>

Tanto que se preocupaba por el porvenir ¡y no lo vio venir, enredado en el laberinto de la pereza y queja!

<>

Quien se presta para justificar un crimen, es igual que quien lo ejecuta, y tal vez lo supera.

<>

En el régimen de Venezuela: Maduro es el inepto; Cabello, es el siniestro; y el pueblo es el ingenuo.

<>

Algunos critican al cubano "porque sale del país buscando vivir mejor, y no por problemas políticos". Esa crítica es tan ridícula como aducir que "solamente se trabaja para pagar la renta y los otros gastos de la vida": ¡eso es lo que hace todo el mundo!

<>

Ayudar al necesitado es casi un deber, y es también un privilegio y abono al carácter.

Muchas veces me citó a mí mismo ¡es que confío en alguien que conozco a profundidad y es honesto.

<>

El gobierno que no provee para los ciudadanos vulnerables es un desgobierno, aunque tenga grandes logros políticos; lo mismo que un padre, que puede ser mal padre aunque sea millonario.

<>

La violación no está -la abrumadora mayoría de las veces, si acaso no en todas- en lo que hizo el sujeto, sino en virtud del permiso o la autoridad que tenía para hacerlo.

<>

No trates de convencer al malo; él siempre encontrará razones para continuar su camino.

<>

Todo hombre común, quiéralo o no, es un plagiarista pues copia fielmente lo que encuentra a su paso.

<>

¡Qué no te encandíle el talento o destreza de alguien...! Mira sus obras y su humildad, y podrás hacerte un juicio certero.

<>

Me creía muy aplomado, juicioso y perdonador, hasta que me dieron un puñetazo en la cara; entonces me di cuenta que dentro de mí había un tigre dormido -aunque para ser justo: tampoco una hiena.

<>

Si no te das a conocer, por grande que seas, eres un... desconocido,

<>

Sin el bautizo del trabajo y la constancia, toda empresa está destinada al fracaso.

FILOSOFIA RIMADA

➪

"Mañana será otro día"

me dijo un necio, y pensé:

¿pero mañana tendré

de hoy las mismas energías?

Y un ángel me respondió,

sabiendo mi pensamiento:

"bueno es tu razonamiento:

lucha y esfuérzate hoy”.

<>

El que bien hace, a Dios place.

Y el que hace mal, a Belial.

<>

Al cristal y la mujer

tratarlos has con cuidado,

porque se pueden romper,
¡y dejarte accidentado!

<>

El maestro circunspecto,
cual si fuese El Nazareno,
dijo: "Persistir es bueno,
¡pero si estás en lo recto!"

<>

La mano del dictador
dio casa, dio pan y dio
cárcel. donde fiero echó
de la patria lo mejor.

<>

Canta la calandria, y canta
porque vive en jaula bella;
pero a mí, contrario a ella,
la esclavitud me quebranta.

El cardo tiene la espina,
mas también tiene la flor…
Se sabio, y la espina evita
¡y bebe de su dulzor!

<>

¿Qué vulgar capacidad
esta pequeñez no sabe?:
predestinación no cabe
donde existe voluntad.

<>

Cuando la vida transcurre
sin el calor del amor,
da náuseas, sueño y dolor:
¡la vida aburre!

<>

Si alguna vez asédiate el exceso
para la santa acción o la profana:
¡piensa que toda la desdicha humana
consiste acaso, simplemente en eso!

Yo soy el mármol y el escultor;

mi propia imagen tengo que hacer;

dadme el equipo -¿Cuál ha de ser?-

-¿Y no lo sabes? ¡Es el amor!-

<>

Muéstrate fuerte

aunque te estés cayendo.

(¡Para que no te empuje

quien te esté viendo..!)

<>

En medio del desierto el cacto crece;

y ávido de otros suelos no va en pos,

ni maldice su suerte ni entristece:

allí lo puso Dios,

¡y allí florece!

<>

Es tan larga la vida

duran tanto los años

que quien viva de prisa

¡debe ser censurado!

Mas, ¡cuán corto los días

y el minuto ¡qué alado!

Quien "ahorre" energías

¡debe ser censurado!

<>

Nadie tiene el derecho

a por fuerza invadir la vida ajena;

a violar el espacio de otra alma;

a sin ser requerido hacer presencia.

<>

Tiene el jefe del estado

un automóvil modelo:

¡qué importa, yo le he ganado:

¡tengo mi casa en el cielo!

<>

"Jamás sin dolor profundo

produjo el hombre obra bella"

-dijo Martí- y como ella

no veo verdad en el mundo.

<>

Se gana el corazón de las gente

diciéndole: sois bello, inteligente.

(Aunque el cerebro o la cara sea

como boca de lobo obscura y fea)

<>

Yo tengo dos enemigos

que no suelo visitar:

al uno le llaman "Vicios"

y al otro "Glotón de Pan".

Pero como en el camino

de la vida siempre están,

al encontrarlos les digo:

"dejadme libre pasar",,,

Si no obedecen los pillos,

y se quieren amistar,

exclamo: ¡Auxilio Dios mío!

Y vuelvo el rostro, tenaz.

Irme yo quiero abrazado

al arcoíris del amor:

ese que no deja afuera,

ningún credo un color.

<>

El mundo no es amor,

¡mas tú has de serlo!

Derrama tu caudal

sobre las áridas

arenas del desierto,

¡y en vez de boca ávida,

se tú gentil venero!

<>

Esa semillita

que en el surco muere,

pero da una vida

¡qué feliz será!

¡Qué feliz si piensa

como yo, que es dicha,

consumirse en aras
del bien que se hará!

<>

A tu ideal abrazado,
hijo, sufre mil horrores
si así te lo manda el hado.
¡Pero no vivas aislado
sin raíces y sin flores!

<>

El beso engendra beso, y todavía
si el hecho natural no sucediera
en el instante mismo y vez primera;
como buen sembrador yo te diría:
replanta la semilla, ¡oh alma mía!
Abona, riega, limpia, ora… y espera.

<>

Crear es deber y placer;
y aunque es muy grande el deber,
es aún mayor el placer.

Quien se da a excesos

no tiene sesos.

(¡O los usa mal

como el animal!)

<>

No sabe nada del cariño

quien no ha logrado comprender,

la fibra íntima del niño

y el corazón de una mujer.

<>

Para el pan, la levadura;

para las aguas, el pez.

Y para hombre de verdad:

¡nada como la honradez!

<>

¿Tienes corazón tu pena?

Cállala y sigue adelante.

¿No la tienes? ¡pues galante

consuela la pena ajena!

Un corredor de cien varas,

noventa y nueve corrió,

pero a las cien no llegó,

ni sé por qué.

Otro que tras él venía

hizo una más y contento

y satisfecho al momento

dijo: ¡Gané!

Así la buena conducta

en la vida es como nada

si al final de la jornada

¡se mete el pie!

<>

Escucha con atención

lo que dice mi intelecto:

no se puede ser perfecto

dentro de la imperfección.

Por el interés muerde el pez:

¡Y por eso mismo cayó Inés!

<>

Dijo Martí en buen decir

e inmejorable pensar:

"Sufrir es más que gozar

es ciertamente vivir"

<>

Cuando al hombre se le cierran

los grandes ojos del alma,

un rabo largo le crece

y se le ven cuatro patas...

<>

Todo el mundo quiere tener.

Todo el mundo quiere gozar.

Pero lo que no todos queremos hacer,

es por lo que deseamos, trabajar.

Hay cosas que todavía
la ciencia no puede hacer...
¿Un ejemplo quieres ver?:
¡calentar la tumba fría!

<>

Un bello sin empleo
es más "feo" que el más feo.

<>

Cuando no tengas que hacer,
ponte a hacer algo, y verás
que cuando hayas terminado,
tendrás que hacer algo más.

<>

Hombre ¿quieres redimir
de un dolor tus hermanos?
¡Pues afirma bien las manos
y prepárate a sufrir!

<>

Lo que nada se apetece,
poco o nada se agradece.

Más liga el pensamiento

que el nacimiento.

<>

Si tienes miedo luchar

seguro no vencerás:

seguro te perderás

como los ríos en el mar…

¡Quién quiera en algo vencer,

debe luchar sin temer!

<>

Bien va la ciencia

si con prudencia...

<>

Una mala defensa

equivale a una entrega:

¡esa es verdad tan obvia

que ni un tonto la niega!

¿Pobre que da al rico?

¡0 loco o borrico!

<>

Una cosa es pensar

y otra es obrar:

Cualquier idiota en barro hace una estrella,

pero hacerla de luz, gigante, y bella

¡eso harina ya es de otro costal!

<>

No es cosa de mi idea

llegar a esta funesta conclusión:

¡corresponder al acto de Jasón

con la torpe venganza de Medea!

<>

Verdad es corazón

que vienen incontables

espinas miserables

a herirte sin razón;

mas, medita y verás

que una flor solamente

¡es harto suficiente

para sufrir aun más!

<>

De lo que tengas hoy necesidad,

si lo dejas para mañana es necedad.

<>

Cuando a la luz de la conciencia mía

un acto colma lo que humano creo,

miro esa luz y por su luz yo veo

¡qué puedo ser honrado todavía!

<>

Mis ojos siempre han visito

en cada mártir bueno un mismo Cristo;

y sé, sin locas dudas,

que en todo miserable está igual Judas.

<>

De lo que está podrido

definitivamente,

con paso diligente

aléjate querido

mirando solo al frente…

<>

Una mujer afligida

yo no la quiero en mi vida.

Más vale un beso contento

que con pesadumbre ciento.

Ventura sin alegría:

luna salida de día.

Desgracia bien encarada:

noche ¡pero iluminada!

<>

¡Todo perdido no está

mientras existas amor!

Alguna puerta abrirá

el imperio de tu voz,

¡y aun puedes resucitar

como a Lázaro El Señor!

Quien no sabe esperar,

¡no sabe triunfar!

<>

La vida me ha derrotado

por ser pícaro y tramposo:

¡ahora voy a ser honrado

para salir victorioso!

<>

Perfumes guardan las flores,

y las espinas, dolores…

¡Recuérdalo hijito mío

para que no pases frío!

<>

De Cristo sigo la ruta,

comiendo voy de su pan,

y no de aquel que Satán

me tiende con mano astuta.

Perpetua calamidad

esta nuestra vida es:

¡pues empieza en desnudez

y termina con frialdad!

<>

El pastor se vuelve voz

para predicar a Dios;

¡vuélvase voz el pastor

que yo he de volverme amor!

<>

Dame la mano pastor,

que me hundo en la tembladera...

-¡eso ni que Dios lo quiera:

¡le tengo al fango terror..!-

<>

La vida es profundo mar;

los hombres pequeños peces

que perecen, muchas veces,

porque no saben nadar...

El acto sin el deseo

¡no vale un pelo!

Como el hombre con oro

¡mas, sin talento!

<>

Si me piden que maldiga

aquello que odie mi pecho,

levanto fuerte la voz

y exclamo: ¡maldito el miedo!

<>

Nada hay más bello en la vida

que un meta bien cumplida

<>

"Error" es hijo de "Prisa".

"Prisa" es hija de "Ignorancia".

E "Ignorancia" es la sumisa

hija del monstruo "Vagancia"

Lo digo porque lo sé,

y lo sé porque lo he visto:

¡que no hay milagro sin fe

ni gloria cierta sin Cristo!

<>

Yo sé que el amor empieza

por la atracción sexual,

y me ha dicho una diablesa

que se juega la cabeza

a que acaba igual, igual.

<>

La vida es toda dolor

sin los goces del amor.

Jamás a nadie salvó

quién no pudo con su "yo".

<>

Siempre se debe esperar

agua salada del mar…

¿Apurillos con errores?:

¡lentitudes son mejores!

<>

Quién de todos duda:

¡espíritu pobre, no mente aguda!

<>

Con voz que me suena a historia,

a sacrificio y a amor,

dijo Martí que el dolor

era “La sal de la gloria".

<>

Dice mi amigo Tomás

que es cosa de su experiencia:

"Que cuando el marido es bueno,

la mujer es sinvergüenza".

<>

A mar revuelto,

capitán experto.

El camino del amor,

(eso lo sabe hasta un tonto):

empieza por las pupilas,

¡y termina en el estómago!

<>

"Crear" y "amar" palabras bellas:

¡toda la vida junto a ellas!

<>

No es mi propósito ser

famoso y solicitado;

mas, si lo pide el hacer,

¡llevaremos el pecado!

<>

Imposible es amar cuando no exista

en la mente y corazón afinidad:

es la carne lujuriosa la que incita,

¡pero sólo el sentimiento es la verdad!

Quien mata medio pueblo

es capaz de matar al pueblo entero:

¡El lobo que persigue los rebaños,

sin distinción devora los corderos..!

<>

Así como se ignoran las espinas

en la planta florida,

las ambiciones finas

excusan los errores de la vida.

<>

Hay cosas que al parecer

suelen parecer, no siendo

(¡Y cosas que suelen ser,

sin estarlo pareciendo!..)

<>

El deseo no rinde;

la constancia no cansa;

un poquito de esfuerzo

¡y los cielos se ganan!

La excesiva prudencia no es prudencia:

eso lo sabe mi experiencia...

-¿Y qué es entonces, buen señor?-

-Ausencia de dos cosas: fe y valor.-

<>

Tú no eres lo que quieres,

ni lo que sabes:

¡sino lo que sientes

y lo que haces!

<>

Justa verdad y armoniosa

que mal a nadie parece:

todo el que busca una cosa,

¡se la merece!

<>

Hasta el cerebro menor,

comprende sin mucho ruido:

quien debe ser redimido,

¡no puede ser redentor!

Por las riquezas nos afanamos;
con criminales fraternizamos;
somos fantasmas en un edén,
que locamente nos olvidamos,
que cada paso que adelantamos,
¡es otro paso menos también!

<>

Luz de adelante…luz de adelante:
¡oh, quién te hubiera deseado antes..!

<>

Exceso, maldito exceso:
¡volviste estiércol mi beso...!
-¡Ah, yo soy como la muerte
que doblego hasta al más fuerte!-
-Exceso, yo te desprecio...
-También a ti yo, por necio.-

<>

Amor sin obra:
palabra boba.

Juventud ociosa:

¡Juventud viciosa!

<>

La vida me abrió los ojos,

y ahora comprendo:

lo que no vale una lágrima,

¡vale un desprecio!

<>

Paz forzada:

¡paz que es nada!

<>

¿Qué falta de la envidia a la perfidia?

-¡El acto solamente bella Lydia!

<>

Quién sigue a malos

recibe palos.

<>

Si no tienes cual la flor

en ti mismo el néctar dulce:

se por lo menos cual la abeja,
que laboriosa lo acumula.

<>

Los hombres van en dos bandos:
unos, sembrando dolor;
otros, rompiendo zarzales
con la fuerza del amor…

<>

¿Qué son mis conclusiones miserables?
¿Qué gloria me adjudican mis labores?
Pienso porqué nací con alma grave;
amo porqué nací con amplio pecho.
¡Sólo en mi voluntad de hacer el bien
mérito hallo! Mas, al obrar demuestro
que voluntad es fe puesta al servicio
de nuestra propia fe y aspiraciones…
Por esa noble fe yo seré salvo:
el acto es la constancia que rebela
la oculta y tenue inmaterial idea.

Del simple y del loco, espera poco.

<>

Genios son creadores ¡no imitadores!

<>

Casarse es librarse de muchos males.

¡Para atraerse otros iguales!

<>

Todo lo que se basa en falsedades,

¡es desecho después por realidades!

POEMAS A MI MAMÁ

Hijo, ven acá un momento
que te quiero preguntar
una cosa que la mente
no me cesa de rondar:
-¿Qué, mi alma?,
¿Qué, mi vida?,
¿Qué, mi flor suave?
¿Qué, mi madre?
-¿A quién más en esta vida
amas con tu corazón,
y loores le darías
por su amor, después de a Dios?
-¡A ti, mi alma!
¡A ti, mi vida!
¡A ti, mi flor suave!
¡A ti, mi madre!

Madre, ¿qué quieres que sea
yo, cuando llegue a mayor?:
¿Político dirigente?
¿Marinero? ¿Profesor?
¡Tal prefieras mirarme
piloteando un gran avión!
¡0 quizás si más quisieras
que me hiciera un gran doctor!
-Hijo, todo lo que has dicho
es bueno, pero es mejor,
y para mí lo más bello,
que comiences desde hoy,
en la escuela de la vida,
la carrera del amor.
Yo nací para el amor,
y como tu me has faltado,
¡ya sin tu amor me he quedado,
peregrino del amor!

Madre, supremo candor,

eres en mi alma inmortal

risueño sol matinal,

rosal en flor...

No hay un momento mejor

que aquel, en el cual me sueño,

todavía inerme y pequeño,

en los brazos de tu amor…

Vida, conserva el dulzor

de su recuerdo en mi pecho;

¡Y tú, muerte, hazme derecho

hacia dónde está mi amor!

No se quiere a una madre por hermosa,

o porque tenga títulos o fama;

a una madre, si es madre, se la ama,

por ser siempre paciente y cariñosa.

Se la quiere por noches de desvelo,

por años de dolor y de trabajo;

se la quiere por darnos acá abajo

anticipos del bien que guarda el cielo.

Se la quiere por dulce y compasiva,

a la vez que constante y abnegada…

¡El hijo que la tenga postergada,

indigno es de que entre humanos viva!

<>

¡Con cuánto amor me daba

sus besos cada día!

¡Con cuánta diligencia

mis gustos complació!

¡Con cuánta dulce calma

hilaba sus consejos,
para que yo siguiera
la dirección de Dios!
Jamás tuvo una frase
hiriente o despectiva;
jamás indiferente
conmigo se mostró;
fue madre que lloraba
si triste me veía;
o que aun estando enferma
mi risa acompañó.
Por eso verla fría
e inerte una mañana,
tan mudo y sin aliento
de pronto me dejó,
que no me daba cuenta
si muerto había mi madre,
¡o si el que estaba inmóvil,
tendido allí era yo!

MADRE

A tantos años de tu muerte,

secas mis lágrimas, -que aún son-

como más viva, buena y fuerte,

te siento aquí en mi corazón,

¡y no me canso de quererte:

tiene el olvido su razón!

A PAPÁ

Igual que tuve ayer para mi madre,
un mundo de caricias y de amores;
hoy tengo para ti mi amado padre,
las cosas más hermosas y mejores.
Pues guardo para ti celosamente,
no sólo la materia del regalo,
sino también la dicha diferente,
que sientes al saber que no soy malo.
¡Bien sé qué tu trabajo no lo pago
ni dándote la tierra cual moneda!
mas, quiero que esto, padre, que hoy te hago,
¡por toda mi existencia hacerlo pueda!

POESIAS ROMÁNTICAS

La conocí una tarde de verano;
el Junio ardiente a mi interior entró;
me buscó el pecho la temblante mano,
¡y ya el soberbio corazón no halló!
¿Quién es esa mujer de soberano
rostro tranquilo, que tan pronto osó
raptar mi gran tesoro? -inquiero en vano-
¡Yo sé quién es, y la bendigo yo!
Es esa de las manos delicadas.
Es esa de los miembros armoniosos.
Es esa de la voz semidivina.
Es esa que cautiva las miradas;
que no sabe de adornos fatigosos,
¡Es esa que se llama Carolina!

Si no amaste a tu Juan
ni amaste a tu Roberto:
¿qué seguridades hay
de que amarás a tu Eugenio?
¡Oh el amor! ese fantasma
que lleva en la testa impreso,
con grafías multicolores
"volubilidades-sexo".
¡Oh el amor! esa cascada
formada por un río seco;
ese mundo sin fronteras
tan reducido y estrecho.
¡Oh el amor! piadoso embuste
para engañar nuestro tiempo;
sabia bruta de los jóvenes;
raíz reseca de los viejos.
¡Oh el amor! blanca alzaprima
con un hipomoclio negro;
paraíso a cuya puerta

hay un látigo en suspenso.

¡Oh el amor! dios que me obsede

con sus flechazos certeros;

¡Ay de mí que estoy en éstas:

Que sufriéndote, te niego!

<>

Dicen que el amor no dura

si nace a primera vista.

Yo pienso que una conquista

cuánto más breve, más pura.

La vi una tarde de invierno

el primer día que la vi;

y supe dentro de mí

que era su recuerdo eterno.

Yo cambio el oro del mundo

por una vida de paz;

pero esta inquietud, quizás,

es un gozo más profundo.

"No ames nunca muy, muy fuerte"

antes, torpe, me decía;

y ahora digo: Todavía

ama más...¡Hasta la muerte!

<>

A MI ESPOSA

No llores porque estemos separados

en esta Navidad, esposa mía.

Hay algo que compensa esta agonía:

¡y es que estamos igual de enamorados!

Bien sabes que aunque es cierto que oscurece;

no es eterna la noche, y vuelve luego

el sol nuestro astro rey, hecho de fuego,

¡y sin saberlo, así, nos amanece!...

Al aire vete blanca paloma;
vuela muy lejos con puntería,
y encuentra el sitio donde se asoma
una trigueña, la novia mía.
Toma paloma, llévale flores;
al oído dile que soy sincero;
que ella es la dueña de mis amores;
que el mundo es ella, que yo la quiero.
¡Oh mensajera! vuela muy lejos;
no te demores, ni te detengas,
¡Y haz de tus ojos claros espejos
dónde la traigas cuando tú vengas!

<>

Sueña que estoy contigo, que a tu lado
me sientes palpitar, y a tus oídos
te repiten mis labios encendidos
sus frases de poeta enamorado.
Sueña que en aquel ómnibus alado
seguimos todavía novios y unidos;

que sientes de mi pecho los latidos,

y de mis manos el contacto ansiado...

Sueña que nuevamente "dolly" mía

(¡No son siempre los sueños fantasía!)

Te invito a revivir nuestros amores...

Despierta, di que sí, vuelve de nuevo

y arráncame el dolor este que llevo

¡desque aparté mi espina de tus flores!

<>

Si fuiste buena, si me quisiste;

Si yo fui ingrato, si te ignoré;

Oye mi ruego, por Dios te pido:

¡perdóname!

Si fuiste mala, si me causaste

mortal herida con negro encono;

sangrante, débil, pálido, sabe:

¡yo te perdono!

Como el que lleva arma mortal hendida
en el sangrante pecho,
y de dolor se contorsiona y clama
por socorro en el suelo;
así yo me encontraba, y tu reías
mirándome de lejos.
¡Me dejabas morir, tú que me diste
la gloria de tus besos!
Pero de pronto, cual de Dios un ángel
llegó a mi lado presto…
¡Y fuiste tú la que quedó clamando
por socorro en el suelo!

<>

¿**N**o conoces la historia del caballero
que dejando fortuna siguió a su amada
y después sin reparos por un cuatrero
le clavó en las entrañas cuchillo fiero
la desgraciada?
¡Nunca quise en la vida como te quiero!

mas, consciente, querida, de que no hay nada

perdurable en el mundo, soy altanero;

miro a lados y espaldas cual Cancerbero;

¡Y mantengo la mano sobre la espada!

<>

La vez primera que te vi,

una sensación

de extraña emoción

sentí.

Fuiste tú, mujer,

milagroso ser

que me ilusionó;

y a mi alma cansada

diste la empujada

que la levantó...

Yo por eso beso

donde tu pie pisa;

beso tu sonrisa

y tu recuerdo beso.

La vez primera que te vi

puedo yo afirmar

sin exagerar,

que flores

como por magia aparecieron,

y en mi camino se encendieron

mil lucecitas de colores.

La vez primera que te vi:

¡ya fui de ti..!

<>

El averiado barco resistía

cual firme torreón,

el embate tremendo de las olas

del mar en su furor.

Cuando calmadas ya las tempestades

el barco naufragó,

"¡Maravillosa cosa!" - repetía

un simple observador.

Quizás al fin de mi agitada vida,

cuando llegue el amor,

yo, que soporto bárbaras tormentas,

cederé en la ilusión;

y no os maravilléis de que así sea

mundo murmurador;

la explicación en ésta frase dejo:

¡Desangrándome estoy!

<>

Pasaste por mi vida

como cruza los cielos una estrella:

gigante, arrolladora y encendida,

¡pero sin dejar huella!

<>

Cuando me siento triste y cansado;

cuando la carga que llevo es mucha,

siempre tu nombre me ha consolado:

¡la luz se hace si digo "Pucha"!

¿Qué tal querida que me has querido?

¿Qué tal princesa, cómo te va?

Yo aquí sufriendo cuanto te he herido

y murmurando: ¿perdonará?

<>

Pensaba que te pondría

de autográfico recuerdo,

cuando por mi lado izquierdo

este escrito aparecía:

eres mi encanto, María;

mi locura, mi obsesión,

yo vivo por la pasión

sin par que me has inspirado.

Sinceramente, (firmado)

"Un cautivo Corazón"

<>

Besaba la almohada anoche

pensando que te besaba…

¿Un cuento para reír?

¡pues a mí me costó lágrimas!

Novia mía encantadora,

¡quién de nuevo te soñara;

aunque el beso de tu boca

fuera el roce de mi almohada..!

<>

Por tu exquisita belleza,

mi corazón se perdió

en el vasto laberinto

de eso que llaman “amor"

"Amor a primera vista"

parece burda mentira,

Pero ¿quién me lo discute?

si la sensación es mía!

Me voy lejos, pero sabe

que te llevaré conmigo:

¡eres la impresión más honda

de los años que he vivido!

Te soñaba y me decía:

¿en qué parte la hallaré?

¿Cuándo me la encontraré

¡oh! atrevida fantasía?

Un inesperado día

se hizo la realización;

rebozó mi corazón

la meta del ideal,

¡y está aquel sueño floral,

convertido en obsesión!

<>

A MAGNOLA

Qué poeta podrá, Magnolia bella,

mirarte sin sentir inspiración;

si tienes unos ojos ¡oh! que son

más refulgentes que cualquier estrella.

Yo recuerdo muy bien la noche aquella

en que te conocí - dulce ocasión-

pues me causaste tanta admiración,

que luego no pensaba más que en "ella"

Si compararte a otra mujer quisiera,

sólo en siglos atrás la encontraría.

después de buscar mucho por doquiera.

Esa mujer ser otra no podría

que la bella Cleopatra…¡ y todavía

no todo lo completo que debiera!

<>

Ya encontré la mujer que buscaba:

sueño eterno de mi ansias de amor;

espejismo bufón y zahareño,

isla azul, serenata, arrebol...

Ya encontré la mujer que buscaba:

siempre-viva de mi alma precoz;

cabecita de negros cabellos;

ojos tiernos de extraño fulgor.

Ya encontré la mujer que buscaba:

como un necio no sé quiénes son
mis amigos, mis padres, mi casa:
¡en la tierra no más ella y yo!
Ya encontré la mujer que buscaba:
¿qué dirá cuándo sepa que estoy
sin dormir por su causa, y que espero
ser amado por ella, ¡oh! mi Dios?
Ya encontré la mujer que buscaba:
sueño eterno de mis ansias de amor;
espejismo bufón y zahareño;
isla azul, serenata, arrebol...

<>

Aunque viva una vida de agonía;
Aunque sea tu recuerdo cual puñales;
aunque vea fantasmas infernales,
¡Yo me acuerdo de ti todos los días!
Si es mi senda una pucha de alegría;
si son míos los cantos celestiales;
si me ensalzan amigos fraternales:

¡yo me acuerdo de ti todos los días!

Eres siempre la misma en mi memoria;

te mantienes incólume y eterna;

y con esos perfiles me acongojas;

pues preveo que el fruto de esta gloria

(como estás ya perdida: ¡eras tan tierna..!)

será un árbol sin flores y sin hojas

<>

En la infinita soledad que siento;

huérfano del amor, Pucha querida;

es tu recuerdo de flor-seda mi único

canto de vida.

Calla, no digas que te he herido mucho;

que no es posible lo que así proclamo.

Calla, que encuentro cuanto arguyas justo:

¡pero te amo!

Cuando la niña me dijo "sí";

cuando sus blancas manos besé;

cuando sus ojos muy cerca vi;

¡Oh amor, soñé..!

Cuando el cansancio que no preví,

llegó a la hora que no pensé

y el pecho tibio y en paz sentí,

¡Ay, desperté!

<>

¡**P**erdida para siempre, y para siempre amada!

Su amor es esa roca en que mi barca dio.

Por su maldita culpa mi ruta fue estorbada,

pero como castigo, Señor, no pido nada

que al fin de la tragedia ¡fue la que me salvó!

Una niña bonita

vino a quitarme

con su grácil figura

mi paz gigante.

Son sus ojos de ensueño

insuperables,

y su boca no encuentra

dignos rivales.

Cual sus manos divinas

no hay Miguel Ángel

que las plasme en el mármol

tan admirables...

Pelo, piernas, tamaño,

bustos triunfales,

toda dice a mi alma:

"Sésamo ábrete"

A LAS TRES

Estos versos no tienen elegancia ninguna.

Estos versos no sirven para nada tal vez;

pero hacerlos, amigas, es mi sola fortuna,

y con gusto y afecto se los doy a LAS TRES

He soñado mil veces con La Habana ruidosa:

¡tan alegre, tan bella, tan enorme que es!

Pero ahora me atrae más que nada una cosa,

y eso es el deseo de mirar a LAS TRES

¡Oh! si Dios permitiera con sus grandes poderes,

realizar este anhelo hoy, mañana o después;

yo sería el más dichoso entre todos los seres,

por el gusto exquisito...por Las Tres, por Las Tres.

<>

PREFIERO TU SILENCIO

No me digas: "Sí, te quiero mucho"

ni me digas: "Por tu amor me muero".

Que yo he visto en tu mirada fría,

retratado el corazón de acero.

Calla, calla, sobran las palabras:

¡basta con la magia de tu cuerpo

para convencer la razón mía!

Todo lo demás es puro exceso.

Calla, sí. Tu voz es maravilla,

sinfonía, cascada… ¡lo comprendo!

Pero si tengo que escoger, te juro:

¡me quedo con tu cuerpo!

<>

CONFESIÓN

Fuiste tú, Alelí,

quien me devolvió

la sed de vivir,

la fe en el amor.

Yo por eso, beso

donde tu pie pisa,

beso tu sonrisa,

y tu recuerdo, beso.

Las nubes dibujan

tu nombre Alelí;

y en el arcoíris

también yo te vi.

Déjame quererte

non amor del bueno:

ese que se atreve

a vivir de sueños

y lo acepta todo

en su firme empeño…

Todo, todo, todo,

¡menos tu desprecio!

RENDICIÓN

Estoy

frente a la tempestad:

siento

un terrible dolor

que no logro calmar…

Mi cuerpo

Está en guerra cruel;

granadas

de dolor y emoción

revientan por doquier…

No hay paz

para el alma cansada y sin fe;

no hay mano

que me venga a ayudar…

Mi bandera y escudo

están rotos;

cansados, mis hambrientos

soldados están.

La infame

rendición se me impone;

sin glorias muere este capitán

¡que no supo triunfar!

<>

¿SERÁ VERDAD?

¿Será verdad que me quiere,

será verdad?

¿O que solo me ilusiona

por vanidad?

Posible es que ella no tenga

mucho que obrar

Y que en eso se entretenga…

Quizás, quizás.

Pero ese juego es muy malo
en el amor,
porque causa sufrimientos
al perdedor.

//Se puede jugar con todo,
pero jamás
con el corazón de nadie
se ha de jugar//

¿Será verdad que me quiere,
será verdad?
O que solo me ilusiona
por vanidad?

CANCI Ó N DE LOS POR QU É

¿**P**or qué tanto dolor,

por qué tan poco amor?

¿Por qué? ¿Por qué? ¿Por qué?

¿Por qué? ¡Yo no lo sé!

¿Por qué tanto me hieres,

si dices que me quieres?

¿Por qué, por qué, por qué?

¿Por qué? ¡Yo no lo sé!

¿Cuánto más hace falta

en tus bajas y altas?

¿Cuánto más, cuánto más?

¿Cuánto más? ¡Dios sabrá!

¿Es que habremos nacido

cual roto y descocido?

¿Es qué no hay un final

para este vendaval?

¿Por qué, por qué, por qué?

¿Por qué? ¡Yo no lo sé!

<>

C'EST LA VIE

C'est la vie, c'est la vie, c'est la vie,

yo te puedo jurar "c'est la vie".

Hay momentos de intenso placer.

Hay momentos de puro dolor.

Tú no puedes, ni debes querer

reformar los designios de Dios…

C'est la vie, c'est la vie, c'est la vie,

yo te puedo jurar: "c'est la vie"

¿No te has puesto a pensar que si hay valle

la montaña a su lado estará?

¡Cada cosa su antítesis carga:

noche-día, alto-bajo, bien-mal!

C'est la vie , c'est la vie, c'est la vie,

yo te puedo jurar: “c'est la vie”

Cree en ti mismo, trabaja, procrea,

almacena, reparte, y en fin

“vive la vie” como Dios la ha creado,

pues no existe otra opción: c’est la vie.

C'est la vie, c'est la vie, c'est la vie.

Yo te puedo jurar: “c'est la vie”

<>

TU AMOR: MI DESTINO

Como el torero al toro

azuza a bien sabida

de que se está jugando

el honor y la vida…

Como en la jaula, inerme

El domador sin prisa

al fiero león molesta

y brinda una sonrisa.

Como el piloto exhausto,

que sabe que hay tormenta,

pero que sin arredro

la desafía y enfrenta…

Así yo me eché al ruedo,

A la jaula, al vacío,

luchando por tu amor

¡qué es el destino mío!

<>

COMO FUE TU AMOR

Tu amor era de cuesco,

de golondrina sin verano,

de puerta sin bisagras,

de playa llena de sargazos.

¿Por qué? -yo me pregunto-
¿Por qué nos duró tanto?:
¡si éramos cual vinagre
y aceite en un vaso!
Tu amor fue ángel de luz
que cayó de lo alto,
y se volvió anatema
desolación y espanto…

Hoy se hace ya muy tarde
para decir "cuidado,
esa flor tiene espinas
profusas en su tallo"

Así que como el perro
que ha salido escaldado,
yo de ti y tu recuerdo
me alejo apresurado.

Me alejo para siempre,

y de reojos mirando,

para tener por cierto

que has perdido mi olfato.

<>

GIBARA: ¡LA REINA DEL MAR!

Mi pueblo querido,

en tus bellas costas

las olas retozan

cual niños que han ido

al parque a jugar.

¡Gibara: la reina del mar!

Tus cuevas, tus ríos,

tu silla que invita

en ese caballo

gigante trotar...

¡Gibara: la reina del mar!

Tus fértiles campos,

tus bellos paisajes,

tu gente amorosa,

tu aire sin igual...

¡Gibara, la reina del mar!

Si lejos, yo vuelvo;

Si cerca, ¡me encantas!

Mi pueblo querido,

mi tierra natal…

¡Gibara, la reina del mar!

FARO ETERNO

Aunque pongas distancia
y me cubras de olvido,
tú serás en mi vida
faro eterno de luz.
Ese faro al que un día
me acercó la tormenta;
yo sufría: ¿lo recuerdas?
Cuando llegaste tú…
Y el destino me dijo:
"Esa es, síguela".
Y quizás el destino
igualmente te habló…
¡Así fue aquel encuentro
imprevisto y bendito
que en un "fiat lux" divino
nuestras sendas juntó!

VERSOS VARIOS

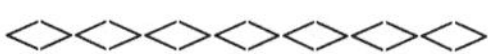

GUITARRA

Guitarra que guardas
¡tantas melodías!
vagando en tus cuerdas
¿Por quién esperas?

¿Será que tal vez necesitas
cual luna la luz que refleja,
pues sin ella es tan solo una masa
de burda y oscura materia?

Guitarra que guardas
¡Tantas melodías!

durmiendo en tus cuerdas

¿Por quién esperas?

¡Yo te ofrezco

mis trémulos dedos!

Y tú dame tú ¡oh gloriosa!

El profundo misterio que encierran

tus simbióticas, místicas cuerdas…

<>

Yo tenía un perrito

y una vez se me escapó

de mañana, y a la tarde

todo erizado volvió.

Entonces le pregunté:

¿qué es lo que te sucedió?

Y él, triste, su triste historia

callejera me contó:

resulta que por su lado

una perrita pasó;
y era de tan bello aspecto
que de ella se enamoró:
tenía los ojos más negros
que el más obscuro carbón;
tenía las patas gorditas,
y era de cara un primor.
Tenía la cola muy larga,
blanca y en forma de o;
¡y para colmos tenía
al ladrar bonita voz!
La siguió por todas partes
confesándole su amor,
y ella con muchas sonrisas
a todo correspondió;
mas, cuando mejor marchaba
la cosa, llegó un señor
que le dijo a la perrita
que temblaba de temor:

¿Escapadita de nuevo?

¡Asegúrate con Flor!

Y en una máquina nueva

y grande se la llevó...

¡Ay, qué cuento más bonito,

lástima que se acabó!

<>

¡Oh, Cuba hermosa! tu viste

bajo el dominio español,

siempre eclipsado tu sol

y siempre tu gente triste;

pues que desde los Taínos

allá en el descubrimiento

hubo en tus tierras aliento

de serpientes y vampiros;

pero allá en la gran Habana

nació el inmortal Martí

que vino a sacarte ¡oh, sí!

de la esclavitud villana.

Martí, crisol antillano
y héroe epónimo del bien,
hizo trabajar su sien
en conjunto con su mano.

Luchó por la independencia
con amor y con tesón,
pues sentía en su corazón
la honradez y la decencia.

No tuvo a menos ser nuestro
pudiendo ser español...
¡Es de nuestra patria el sol
e indiscutible maestro!

Discípulo de Jesús,
declinó glorias salobres;
echó suerte con los pobres
sin importarle la cruz.

Era la Patria "Agonía
y deber" no " pedestal"

para él, (¡Y qué leal
lo constató cada día!)
mas, no así se satisfizo
y con indomables bríos
peleó valiente en Dos Ríos,
pero fue herido en su piso.

Allí murió heroicamente
ese patriota cubano,
ese genio americano,
ese verbo incandescente...
<>

El ZUNZUNCITO

Cierta vez un zunzuncito,
de pecho verde-azulito,
encontró bajo una rosa
dos alas de mariposa.

Las miró con interés
una, otra, y otra vez
hasta que al fin exclamó:
"¡estas me las pongo yo!"
Como tan pequeño era,
para que nadie lo viera
ni se tuvo que ocultar;
y comenzó trabajar...
El primer paso sería
quitarse las que traía;
y después de éstas quitadas,
ponerse las encontradas...
Montó un ala en un gajito
el astuto pajarito,
y recostado a la mata
la otra halaba con la pata.
Muchos esfuerzos hacía
¡pero nada conseguía!
pues el ala de natura

estaba dura, muy dura.

Cambiaba de posición:

¡idéntica situación…!

Ya estaba desfallecido

y nada había conseguido.

Entonces se quedó serio,

como muerto en cementerio,

y cosa que me admiró

con estas frases habló:

"Mis alitas son mejores

aunque de menos colores;

lo que Dios me quiso dar

no lo debo yo cambiar”

<>

La vida es una tragedia

si es un trágico el actor;

mas, para el que ríe por

todo, es una fiel comedia.

Para el rico es abundancia;

para el pobre es escasez;

para el sabio ciencia es;

y para el tonto, ignorancia.

Un fraude para el ladrón;

para el loco una locura;

para el triste es amargura;

y para el preso, prisión.

Ahora, si saberlo quieres,

analizando enseguida

lo que piensas de la vida,

sabrás aquello que eres...

<>

Si a mí me hicieron de barro

¿han de castigarme por

que como tal me comporte

en casa de mi hacedor?

¡Pues no puede ser! O el hombre

está sólo limitado

por su libre voluntad

¡o no existe en él pecado!

<>

Razón tenía Don Facundo

para decir: “en el mundo

es todo una hipocresía"

Ayer mismo yo le oí

diciendo a espaldas de mí,

lo que a mí no se atrevía...

Claro que sí, Don Facundo:

¡Todo es engaño en el mundo!

<>

Si quieres alma triunfal

siempre acabar tu jornada,

jamás en nada y por nada

pagues un mal con un mal;

pues la venganza es fatal

bumerán inexorable,

que vuelve por ley estable

a la mano propulsora,
y hace aborrecer la hora
que la pensó deseable.
...Decide, pon mano fuerte
a éstas tus contradicciones;
pesa, has comparaciones
y por fin echa la suerte.
Mira, te asecha la muerte
con su panoplia triunfal;
¡es el momento crucial
cada momento! ¿Quién sabe
si ahora mismo llega el ave
implacable y colosal..?

<>

¿Para qué yo quiero
lo que yo no quiero..?
¡Zas! Para botarlo
en el basurero!

A una hermosa que pasaba,

con los gestos de un actor

le dije: ¡oh gran amor,

tú eras a quién yo esperaba!

Mas, me respondió muy seria

aquella rubia beldad:

"Espíritu, por piedad,

pósate en otra materia"

¡Y ante tales argumentos,

cesaron mis pensamientos!

<>

El amor es como el sol,

gigante tan poderoso.

que si se mira de frente

nos hiere y ciega los ojos;

de donde resulta que

tanto pícaros y doctos

ante él rindan sus armas

y se vuelvan "unos tontos".

Hay hombres como las piedras,

que existen pero no viven;

son solamente materia,

dura materia insensible.

En cambio, hay otros que muertos

aún tenazmente persisten

en vivir, porque son flores

cuyas perfumes sutiles,

se encierran en pebeteros

eternos de hechos sublimes.

¡Yo imitaré humildemente

a los nocturnos jazmines!

<>

¡No hay cordero rapaz!

Mas, puede ser

que corderil figura robe y mate.

Atrápala, desnúdala, y verás

como debajo de la suave
lana, siniestro cuerpo
descubrirás....
¡No hay lobo balador!:
Si alguno bala
es para confundir, para atraer,
¡para cazar mejor..!
Huye al que roba;
Vela al que bala.
¡Trata a los hombres
con precaución!

<>

Yo quiero que si muriera
sin patria, ¡pero sin amo!
me inhumaran en Bayamo
ciudad heroica y señera.
Pero si la mano artera
del tirano, todavía
la Cuba dulce y bravía

esclaviza y envilece:

¡entonces que la mar fuese

mi patria, y la tumba mía!

<>

La gran tragedia de la vida

es no saberla comprender:

la rosa nace entre aguijones

¡y vive en un edén!

Cierto, podemos los humanos

como la inmóvil rosa ser:

¿Estamos entre mil angustias?:

¡Vistámonos de fe!

<>

Una mujer inteligente, hermosa,

pero sin ranciedad ni orgullos vanos;

dulce, paciente, noble y cariñosa,

¡honra de los cubanos!

Ella es la voz amable que levanta;

es la frase ingeniosa e impoluta;

es la tierra feraz, la verde planta;

la flor, la sombra, y la madura fruta...

No hay pena que su gracia no disuelva,

ni petición negada o postergada…

¡Qué siempre viva la exquisita Elba

y su ingenua sonrisa nacarada!

<>

Yo no puedo pensar hermana mía,

que olvidando las penas anteriores,

retornéis a entenderos en amores,

con aquel miserable que os hería.

Tal vez su desgraciada gallardía,

ha logrado vencer vuestros rencores;

mas, debéis recordar que entre las flores:

¡siguen habiendo espinas todavía!

Yo soy un genio enfermo.

(Cuerda rota)

Un príncipe descalzo.

(Luz oculta)

Un líder no ilustrado,

(Vista pobre)

Un corazón sensible,

(Vas de angustia)

Cuerda rota,

luz oculta,

vista pobre,

vas de angustia...

4 DE JULIO

¡Viva la gran nación: La Norteamérica
fecunda y generosa!
Hija y madre de Washington
de Edison, de Whitman…
Faro hacia cuya luz
se vuelven la pupilas
de los hambrientos pueblos,
(con nutrida esperanza)
Puerto de libertad a donde acuden
los muchos oprimidos...
¡Viva la gran nación: La Norteamérica
audaz y poderosa!
Eje de oro del mundo; incontestable
guiadora del progreso;
amiga de la paz,
¡y de los pueblos..!

¡Viva la gran nación! La Norteamérica
astuta e industriosa;
que en tan sólo dos siglos ha crecido
hasta alcanzar la luna;
mas, dio sus hijos bravos en Corea
y tiene misioneros a las junglas...
¡Viva el 4 de Julio! celebremos
con júbilo y tambor tan grande fiesta;
porque el mundo estaba parturiento:
¡y de un heroico pujo nació América!

<>

Hijo de Cuba, varonil Maceo,
te erguiste en la guerra desafiante
y fuiste la victoria en la derrota;
combatiendo en los campos anhelante
ofrendaste tu sangre gota a gota.
Llevaste la invasión hasta occidente
burlando generales y pantanos;

¡oh héroe de mi patria! libertaste
con davídica audacia a tus hermanos,
y a la América indómita asombraste.
Un siete de Diciembre en Punta Brava
(fecha que en una lápida no cabe)
tu figura de bronce fue abatida;
y no saben decir: ¡nadie lo sabe!
cómo una bala se llevó tu vida;
Pues hubo muchas más que lo intentaron
mas, todas al chocar no hicieron mella,
y tan solo en tu cuerpo de titán
dejaron con dolor su horrible huella,
que más bravura a tu bravura dan.
¡Pero tú no te has muerto!: ¡sé que vives
en cada corazón, en cada pecho;
y aunque pasen los siglos vivirás!
Porque tu férreo cuerpo esté desecho,
tú no has muerto Maceo: ¡ni morirás!

La miel es dulce y sabrosa;

mas, si comes demasiado,

te sentirás de ella hastiado,

y la hallarás fastidiosa.

A tu amigo tu preciosa

compañía, no sea incesante,

porque llegará el instante

en que saciado de ti,

te sentirá, cierto, sí,

más pesado que un purgante.

<>

Señor, está cediendo mi fortaleza antigua;

y a cada nuevo golpe del enemigo bravo,

mi suerte en la batalla se torna más ambigua

y oculta mano escribe: "Ideal, serás esclavo"

Ayúdame y evita la brecha, Padre Santo,

que pálido e inerme adentro me hallo yo;

mis ojos no ven casi, cegados por el llanto,

y el pan que me nutría, de mohos se llenó.
Señor está cediendo mi fortaleza antigua;
mil Venus aguerridas atacan sin perder
minuto ni segundo, y tornan más ambigua
mi suerte con su grito: “rapazas del placer"
No quiero ¡oh, no! No quiero vencido ser por ellas;
los goces que evidencian al suelo me atarán,
y yo sueño con cielos, con soles, con estrellas...
¡Por sobre mi cadáver tan solo pasarán!

<>

No ayudes al tirano, que el tirano
se apoya en ti para subir, mas luego
se cubre el rostro con la dura mano,
o finge entonces que ha quedado ciego.
No ayudes al tirano, porque el tal
es una fiera que simula oveja,
pero que guarda para ti un final
que muchas veces ni dormir le deja.

No ayudes al tirano que mañana,

cuando su fuerza poderosa esté,

melena crece donde hubiera lana...

Y viene a ti como león que fue

levantada la garra semihumana,

¡y te devora sin decir por qué!

<>

Dejadme libre, no me estorbéis

que yo caminos que otros señalen

no quiero andar.

Dejadme libre romper abrojos,

si así me place;

que ya la espina me hará enmendar.

Ser libre: ¡es eso

lo que deseo!

Contra lo innato

ningún espíritu puede obrar;

y el alma mía

desde muy joven,

las decisiones gustó tomar.

Tengo mis brazos fuertes, normales,

la mente tengo

para pensar.

¿Por qué si tantos se hicieron solos,

yo debo en molde prefabricado

mi ser vaciar?

Dejadme libre, no me estorbéis;

que voz que venga de mis iguales:

¡No le he acatar!

<>

Esfuérzate en el presente,

porque el pasado ha pasado,

y lo futuro la gente

saberlo nunca ha logrado.

Esfuérzate en este día

que en " mañana" todo cabe:

Si hay tristeza o alegría,

eso sólo Dios lo sabe.

Esfuérzate con ardor
y no quedes en el lecho;
porque luego con dolor
dirás: ¡Pude haberlo hecho..!
Esfuérzate, hijo, hoy
pues ésta es la buena hora:
si he pasado ya no soy;
¡y el futuro, se demora!

<>

¡**Q**ué triste es despedirse
del grupo que uno quiere,
del grupo que más ama,
del grupo que prefiere!
¡Qué triste es convencerse
que no retornaremos,
qué a muchos de vosotros
quizás no más veremos…!
¡pero qué alegre todo

cuando todos pensamos,
que es el fin de la lucha,
que en la lucha triunfamos!
Entonces se nos mezclan
tristeza y alegría:
es cual si se juntara
la noche con el día…
Y uno no dice nada
porque está confundido;
y el tiempo pasa y pasa,
y llega lo temido,
y llega lo esperado,
sin que nos demos cuenta,
como llega la calma
después de la tormenta...
Amigos, compañeros,
hermanos... ¡eso son!
y a todos yo les amo
con fuerza y ambición.

Por eso les suplico
que me paguen con creces;
que me recuerden siempre
si no pueden... ¡a veces!

<>

MI VERSO

Si mi verso fuera flor
haría muchos, muchos versos,
para en los más feos campos
plantarlos y hacerlos bellos.
Para adornar las casitas
de los pobres, de los viejos;
para llevar alegría
a los que lloran su encierro;
para que las manecitas
de los niñitos risueños
formaran con ellos puchas

en sus infantiles juegos...

Pero mi verso es espina,

es espuma, es esqueleto;

mi verso ni tiene forma

ni tiene vida: ¡es un muerto!

¡Es un muerto como yo

a quién llama el cementerio!

¡Es un muerto que desea

el descanso y el silencio..!

<>

¿**P**uede la mariposa envanecerse

porqué es multicolor, fina y hermosa?

No, ciertamente digo, porque ella

no tuvo intervención en su principio.

¿Debe el estéril cacto del desierto

llorar por su fealdad y su pobreza

y envidiar a la rosa? ¡No! porque él

no tuvo intervención en su principio.

¿Ilegítimo entonces es qué el hombre

se sienta defraudado, o al contrario

por su raza o talento superior?

¡Ilegítimo es: querer humano

no tuvo intervención en su principio!

<>

No es novedoso mirar

un cerdo que su acomodo,

y su delicia en el lodo

suele ¡oh tragedia! encontrar.

Extraño sería observar

una actitud diferente,

porque es que sobradamente

se sabe que ese animal

en el fanguero fatal

tiene su polo atrayente.

Así los humanos son

dentro, claro, de su clase:

¡toda acción tiene por base

la interior disposición!

FINCA "LA ESPERANZA"

Tengo aquí en Hialeah, cual lontananza

de mi patria querida,

una "finca" entre plantas sumergida,

llamada "La Esperanza".

Cada vez que cansado de las cosas

del diario vivir, siento pereza;

voy a "mi finca" a contemplar las rosas

y darle un refrigerio a mi cabeza.

¡Oh que intenso placer el alma encoba!

y va creciendo hasta romper el velo

que lo separa de la idea y el sueño…

Y cual bruja, se monta en una escoba

que la lleva entre nubes hasta el cielo,

¡y uno olvida el dolor de ser pequeño!

<>

ENSOÑACION

Quiero un amor, Señor.

Que me quiera una mujer, un santo

o una hiena

Pero que me quiera

alguien…

Siento unos inmensos deseos

de abrazar y de ser abrazado,

de conquistar,

y de ser conquistado…

Que me mande una voluntad

más débil que la mía;

que me guíen unos ojos

de más corta vista que los míos…
Quiero ser libre y esclavo,
vencedor y vencido;
agitar mis brazos en el vasto espacio,
correr por los eriales…sudoroso
pararme a contemplar las margaritas…
Quiero retar al mar a una pelea,
e inclinarme ante el arroyo manso;
contar las estrellas; no saber nada.
saberlo todo, absorberme a mí mismo
y reaparecer nuevo e igual…
Quiero la blanda música del arpa
y las gruesa notas del contrabajo.
Quiero la inocencia y la experiencia.
Quiero ver, como Nerón, de dónde salí,
y como Nervo, a dónde voy…
¡Oh mujer, ven, bésame!
En mi alma se agita el universo!
Amo todo lo bello. Me hace saltar las lágrimas

una historia de amor,
y me revienta el pecho el despotismo.
(Yo haré un reino
dónde el más débil sea el que mande).
Me gusta el rock' roll y el danzón,
lo abrupto y lo apacible.
Veo a Dios como un rayo
y como una tortuga; la poesía
me gusta natural y directa:
Si nace rimada, bien;
y si llega sin rima, bien también.
Me gusta la pintura moderna
y los trazos imprecisos del cavernícola.
Amo todo lo que se impone
sin sangre y sin dolor.
Saludo al perro cariñoso
que mueve el rabo al verme
y se me tira a las rodillas,
mas, rechazo al fiero león

impenetrable en su orgullo:

(¡rey narciso que degenera en siervo inútil!).

Amo la sinceridad hasta un punto,

y la ponderación hasta un punto:

creo que del equilibrio nace el bien.

Un hijo es buen cetro para todos los imperios:

encarna pronto; inquiétame

con tus achaques pasajeros;

¡que sienta yo la angustia de perderte

y luego

la voluptuosidad de recobrarte..!

¡Oh, tú, soñado querubín!

fruto de mi amada y de mi amor;

espuela para mi pereza,

interés para mi tedio;

único regocijo

a las tremendas penas de la vida: Puerto.

Esposa e hijos: ¡venid pronto!

Me hallareis en el suelo batallando.

Lucho contra la inercia y el aislamiento…

Vosotros me daréis consuelo,

lavaréis mis empolvadas carnes,

me vestiréis de ropas nuevas,

me besaréis, me abrazaréis…

Quiero un amor, Señor

que me quiera una mujer,

un santo o una hiena,

pero que me quiera

¡alguien…!

<>

EL AMOR

La veo llegar

abierto los delgados brazos marfileños,

amplia y subyugadora la sonrisa ingenua,

tierna la expresiva mirada azul…

No es hermosa, y la veo divina:

¡Es el amor!
Si enfermo,
me parece que por obra
de la casualidad y sin saberlo,
ha renunciado a todo y viene a verme.
Si río, creo que ha de llegar de pronto
a reprocharme que esté feliz sin ella
y a echarme al cuello los brazos generosos…
¡Es el amor!
Siempre en todo, en todo, en todo;
es eterna, eterna, eterna:
¡es el amor!

<>

¡Y te has vuelto a burlar de mi ESPERANZA!
¡Qué poca longitud tu vista alcanza!
¡Qué menguada es tu fe, buena Delfina!
Ya verás cuando vuelvas, que he triunfado,
que todo aquel erial está cambiado
¡y que ha puesto huevos de oro la gallina..!

Cuando tú siembras una semilla,

esa semilla no se transforma,

sino que nace

del mismo género

que la sembraste.

Cuando tú siembras un sentimiento,

ya sea de afecto,

desdén o ultraje,

¡al fin y al cabo brota lo mismo

que tu sembraste!

¡Todo en el mundo su igual engendra,

nadie se engañe!:

lirios fragantes recogerá

quién lirios plante;

¡mas, cardos negros y traicioneros

la mano aquella de dónde salen!

¿**D**escansar en un mundo corrompido;
en un mundo
lleno todo de vicios,
de sombríos caminos y mentiras?
¿Descansar cuándo locos asesinos
asechan por doquiera
y predican blasfemias falsos Cristos?
¿Descansar cuándo el padre
se lanza ferozmente contra el hijo?
¡No! Descansar no puedo;
me parece un delito;
me parece un pecado imborrable,
gravísimo.
Por eso es que trabajo;
por eso es que me obligo
a pasar largas horas
con mi máquina o libros...
¿Descansar? ¡Qué descansen
los cadáveres rígidos!

Cuentan que un chino singular,
de malo que era, donde había
un desgraciado concurría
no más que a verlo batallar.
Cuentan que el chino falleció
una mañana de frío invierno,
y su costumbre al mundo eterno,
aún no saciada se llevó:
Y según cuentan, todavía
cuando padece una criatura,
deja su inmunda sepultura...
No digo yo que sea verdad,
pero si fuera juraría
que el chino ese me anda atrás...

<>

Un corredor de cien varas,
noventa y nueve corrió,
pero a las cien no llegó

ni sé por qué.

Otro que tras él venía

hizo una más, y contento

y satisfecho al momento

dijo: ¡Gané!

Así la buena conducta

en la vida es como nada,

si al final de la jornada,

¡se mete el pie!

<>

No hay raza.

No hay nación.

No hay casta.

¡Los hombres hermanos son!

Si alguno piensa distinto

en cuanto a su condición,

sepa que Jesús, El Santo,

dijo con eterna voz:

"Quien quiera ser el primero,

será último y servidor"

<>

Estaba triste Ramón,

porque en su ignorancia fría,

confundía la profecía

con la predestinación.

Pero vino Don Facundo

y le dijo inteligente:

"Sólo la acción y la mente

predestinan en el mundo".

"Lo demás son de seguro

actos de adivinación;

son sólo penetración

visionaria del futuro".

"No hay una mano indolente

cuyo poder sin segundo

me predestine en el mundo:

¡sólo mi acción y mi mente"!

Si un malvado con encono
me clava un puñal filoso;
vuelvo mi rostro y piadoso
al malvado lo perdono.
Y si llega a retornar
con el puñal levantado,
compasivo y angustiado
yo le vuelvo a perdonar.
Pero si viene un amigo
enseñándome maldades,
echo fuera mis bondades
y le proclamo "enemigo".
¡Pues más temo al que sin saña
puede herirme mortalmente
que al que viene garra y diente
a clavarme en las entrañas!

A MI HIJO

¿Quién fue el imbécil que dijo
qué es necesario tener
un hijo, verlo nacer
para amar después al hijo?
Yo que ninguno he engendrado
y por lo tanto no he visto,
juro delante de Cristo
que llevo a mi niño amado.
A ese mi fruto probable,
lo siento en mi corazón
reyecito juguetón,
domador insuperable!

En el vasto océano de la vida
como barcos flotamos; hay momentos
-cuando las olas apacibles son-
que parecemos fuertes, gigantescos
e imposible a las aguas les sería
con su eterno vaivén intimidarnos...
Pero hay otros momentos en que el alma
se encoge de pavor, y temblorosa
ante el ímpetu fiero, mira en torno
y ve a la mar inmensa y prepotente
y así pequeña, pobre y miserable…
Entonces con vehemencia insospechada
tocar quisiera la tranquila tierra.
¿La tierra? Sí, la muerte que parece
igual que el puerto al marinero ausente…

¿Estás llorando hija mía?
-Madre, la vida conmigo...-
-Buena ha sido, pan y abrigo
no te falta cada día.
Vivimos sólo por ti
tu padre y yo; todo el mundo
te tiene afecto profundo...-
-Cierto es, yo sé que sí;
sin embargo...-¿Qué pasó?-
-Rafael ya no me quiere:
se va con otra; me hiere
sin hacerle nada yo.-
-Bien lo he notado hija mía,
mas te quiero aconsejar,
que no debes de llorar,
por prenda de fantasía.
Olvida a ese pobre necio
tan duro de corazón:

el perderte, a su traición
será suficiente precio.-
-¡Pero es que yo le amo tanto!...-
-Vamos, el amor es loco;
ya verás que poco a poco
comienza a causarte espanto.
Y cuando logres quitarte
su imagen de la cabeza,
con absoluta franqueza
lo digo: vas a alegrarte…
Hazme caso hijita mía...-
-¡Siempre te suelo escuchar
madre, no voy a llorar
por prenda de fantasía!.-

Me miraba mucho y fui
a hablarle dulce y cortés…
Mas, ¡hay, Cristo, qué revés!
¿Por qué el mundo será así?
Me dijo: "Quite de aquí
que no quiero periqueo;
y si lo he mirado creo
que usted debe comprender,
que la razón era ver
del mundo el tipo más feo"

<>

He oído decir a muchas
personas, para mi asombro,
que el hombre: ¡vaya cinismo!
es descendiente del mono.
No voy a hablar del error
por no ofender a esos tontos,
sino diré solamente

que es cierto… ¡pero no todos!

El agua sabe su nube

y la flor sabe su tronco;

así cada cual conoce

su origen, principio y fondo...

yo con orgullo confieso

al Dios todopoderoso

que en forma maravillosa

me creó al fíat de su soplo...

Ellos, que confiesen ellos

su árbol genealógico:

Las ramas últimas: gentes.

¡El tronco primero: monos!

<>

Quiero, mi abuelo decía,

que si una vaca poseo,

mi prójimo tenga diez

con el doble de terneros.

Que si tengo una gallina
que ponga cincuenta huevos
mi vecino herede seis
que le rindan novecientos.
Que si juego lotería
y me saco algunos pesos,
a él billetes le regalen
y resulte el gordo premio.
Mas, si por casualidad
a mí se me parte un dedo,
al prójimo ¡qué caray!
No le quede sano un hueso.

<>

¡Qué bello amanecer! ¡Qué bello día!
¡Qué nube la que pasa lentamente!
¡Qué pájaro cantor tan atrayente!
¡Qué encanto! ¡Qué poesía!
Todo refleja a Dios en este instante:

El sol, la nube, el pájaro cantor.
La tierra es una copa rebosante
de su infinito amor...
Y el alma conmovida se enamora
del momento feliz, y como loca,
sale hecha sonido por la boca,
en la dulce expresión: ¡bendita hora!

<>

A CARMITA VILLAR, MI PROFESORA.

Cuando nada era -¡quizás todavía!-
subí con mi madre la altura de un monte,
y ¡oh! ante el asombro de la vista mía,
vi maravillado como aparecía,
un mucho más vasto y bello horizonte.
Yo dije de pronto: la vida es igual:
¡el hombre que asciende ve más y mejor!
Entonces mi madre con fe maternal

Exclamó: "Pues hijo, has que tu ideal
supere a este monte su altura mayor"
Desde aquel momento, sincero he tratado
de ganar la cima por más escabrosa
del monte divino, sublime, sagrado,
que tiene el difícil, pero no vedado
sitio en que la mente medra luminosa.
Usted muy paciente -¡y en grande manera!-
por meses enteros me dio su saber;
como el esforzado sembrador que espera
de la semillita que pequeña era,
una planta grande y productiva ver.
¿Cómo demostrarle que en vano no ha sido
el surco, la siembra, el sudor brotado?
¡Quizás con decirle que el curso he vencido;
que tengo confianza, que estoy convencido
de haber progresado, de haber escalado!

HOY HE DE HACER MI OBRA

Hoy he de hacer mi obra,
porque "mañana" suena tan feo
¡qué me da miedo!
Hoy he de hacer mi obra,
porque "mañana" suena tan tarde
que esperar no puedo.
Si alguno me pregunta
con estudiado acento:
¿la vida es sólo un día?
Respóndole: ¿y quién sabe
que dure más que eso?
¿Quién sabe si mañana
estará con los muertos?:
allí donde no hay libros,
ni se registra el tiempo;
allí donde las sombras
gozan festín perpetuo,

y los gusanos vienen

y van par su respeto..!

Hoy he de hacer la obra,

"mañana" es un proyecto

para los desnutridos

incapaces de esfuerzos;

para los paralíticos

sujetos al asiento;

para los infelices

y torpes microcéfalos.

Hoy he de hacer mi obra,

aunque termine tarde

y me duelan los dedos;

aunque los ojos se me cierren

de cansancio y sueño;

aunque ya no haya tránsito en las calles

ni luz en los conventos;

aunque la vida muera en el silencio...

Hoy he de hacer mi obra

como quién utiliza sus últimos momentos:

ansioso y sin recreos;

como el padre que besa al hijo muerto...

Hoy he de hacer mi obra,

porque "mañana" suena tan feo

¡qué me da miedo!

<>

ETERNIDAD

Vi una estrella fugaz que se perdía

en el tibio horizonte de la noche…

¡Miserable de mi, que así se esfuman

las almas de los hombres!

No importa si es de luz, no importa el genio:

El suceso es igual ¡todo se pierde

en el constante ciclo de la vida,

y en la presencia eterna de la muerte!

POEMA A UNA MUELA

Ella fue. Ella es. Ella perdura
sin un mínimo asomo de desgaste.
Está firme, está bella y está dura,
¡Y ni siquiera necesita empaste!
Bendita su preciosa anatomía
que a admirarla y cuidarla me provoca:
¡A esa la quiero para siempre mía
en el húmedo reino de mi boca!

LOS DIEZ MANDAMIENTOS DEL VENEZOLANO

1. No abandonarás tu patria por temor o egoísmo, ni te refugiarás en otras tierras hasta que “todo esté en paz y sientas seguridad plena”.

2. No confiarás Venezuela a la ONU, la OEA, JIMMY CARTER o el PAPA, porque cada uno de ellos tiene su agenda propia, que puede muy bien no ser la tuya.

3. No intercambiarás "prosperidad económica", o promesa de ella, por tu libertad.

4. Actuarás como si el destino de Venezuela dependiera tan solo de ti, pero te hermanarás a tus conciudadanos por humanidad y cordura.

5. No has de afiliarte al régimen, a menos que sea para desde dentro -como los soldados del caballo de Troya- atacar con efectividad a su momento oportuno para recuperar los derechos perdidos.

6. No iniciarás ni difundirás falsos rumores pensando que haces bien, pues la libertad no necesita de muletas podridas, ni Dios ayuda a los mentirosos.

7. Cuando te juntes con los cubanos, no mirarás a ellos como “experimentados maestros”, para adoptar sus tácticas, sino como hermanos en pena que deben apoyarse

mutuamente, porque ellos, aunque tienen la experiencia de lo vivido, no ha sabido sacarse el monstruo de encima.

8. Unido has de luchar, y unido has de mantenerte, hasta que Venezuela recupere la democracia, porque sabido es:

“En la unión está la fuerza” y “Una casa dividida no permanecerá”

9. "Venezuela libre" será tu lema. Pensarás en Venezuela más que en ti mismo. Lealtad has de jurarle a tu bandera y con pasión y entusiasmo cantarás tu himno.

10. Dos cosas aborrecerás: El "protagonismo" y la "división" y dos cosas buscarás: El rescate de Venezuela y la unión de los buenos venezolanos.

DECLARACION DE PRINCIPIOS

(Alocución del autor a los pastores que integraban El Movimiento Cristiano 'Coadjutores de Dios')

Nosotros, los que hemos creído por la gracia de la fe y la ayuda de la razón, que este infinito universo y el mundo en que vivimos, así como nuestra propia existencia, y la existencia de la más simple célula, no pueden haber sido el resultado de hechos fortuitos acaeciendo a través de millones de años, pues eso presupone que hubo un comienzo, y que parte o todo de lo que hoy vemos, existió desde siempre, lo cual, a su misma vez, nos conduciría a aceptar la noción de que no hay lógica posible para analizar esa tesis, pues dicha tesis tendría que basarse en el concepto de la pre-existencia de algo, sea esto una célula, un átomo u otras partículas aun más pequeñas.

Tomamos como base para mantener nuestra fe, la narración que encontramos en la Biblia, cuyos libros, aunque escritos independientemente, en tiempos diferentes y por un gran número de autores, guardan entre sí una concatenación razonable, que no ha podido ser rebatida con efectividad por ninguna teoría conocida hasta hoy, ni desvirtuada por los más grandes genios de la raza humana.

Nosotros creemos que la Biblia es la palabra inspirada de Dios, que fue dada a los hombres como demostración de que existe una fuente de energía pura e infinita, inexplicable para el intelecto humano, pero que es capaz de por sí misma, traer a existencia cosas que hasta un cierto momento no existían, y darles forma, ponerle limites e interrelacionarlas perfectamente con otras cosas que existían antes o que habrían de existir después; y ponerlas en un equilibrio tal que si se perdiera ese equilibrio, se engendrarían cataclismos de tan vastas proporciones que la vida, tal como la conocemos, desaparecería de la faz de la tierra.

Cada ser viviente, y aún las cosas inanimadas, están constituidas por células, atamos, protones, neutrones, y partículas tan infinitesimales, que van tomando con cada división que se le hace, más y más las características de energía pura que, obedeciendo a sus propias inescrutables leyes, puede adoptar formas físicas, pero que en realidad, no son más que la expresión de una voluntad suprema y omnipotente que existe independientemente de la materia.

Bien lo expresó el grandioso bardo mexicano Amado Nervo cuando escribió:

"Células, protozoarios, microbios,

¿más allá de vosotros hay algo?

¡Pronto no los dirá

el microscopio astuto, pertinaz y paciente!

Mas, quizás la materia se empequeñecerá

tanto bajo su lente

que un día como espectro

se desvanecerá

ante el ojo del sabio

quedando solamente

la voluntad suprema cuyo oleaje va

y viene omnipotente

y fuera de lo cual nada hay ¡ni será!

Los libros más antiguos de la Biblia, los que en conjunto conocemos como "El antiguo Testamento" dan un asomo de cómo el globo terráqueo fue creado; y luego narra, muy sucintamente, la creación del hombre y la subsecuente creación de la mujer, y cómo el pecado entró en el mundo cuando ellos desobedecieron el mandato divino.

Esta transgresión no fue algo fortuito que sucedió por ignorancia o alguna otra atenuante, sino que en esencia fue una rebelión contra la voluntad expresa del Creador.

El castigo merecido no podía ser un simple regaño por la conducta impropia. El hombre había desafiado a su creador, y debía pagar por su desobediencia. Dios los sentenció a muerte despojándolos de sus atributos eternos, y les retiró otros privilegios que hasta entonces tenían, imponiéndoles a la vez otras severas sanciones, que incluían que el hombre tendría que trabajar para proveerse el pan de cada día, y la mujer con dolor pariría sus hijos.

La lectura de la Biblia, nos ilustra sobre la continuada rebelión del hombre a través de todos los tiempos, y a pesar de las manifestaciones que Dios hacia de su poder y amor por sus criaturas: Forzó con plagas a Faraón para que dejara salir a los hebreos de Egipto; abrió el Mar Rojo; envió maná del cielo para alimentarlos...pero todo eso, y más, no bastó para evitar que el pueblo, en ausencia de Moisés, se fabricara un becerro de oro para adorarlo.

Como consecuencia de este comportamiento, ninguno de los que originalmente salieron de Egipto, logró entrar a la Tierra Prometida.

Los ejemplos de desobediencia -y hasta abierta rebeldía del hombre para con Dios- son muy profusos, y abarcan no solo aquellos que estaban alejados de Él, sino también a muchos de los que profesaban adorarle y servirle, como está ampliamente documentado en las Sagradas Escrituras.

Esto en nada disminuye el hecho de que, igualmente, en todas las épocas pasadas ha habido hombres y mujeres dispuestos a sufrir y morir por aquel en quien creían, y les fueron fieles en lo mucho y en lo poco, como es -para citar un ejemplo- el caso de Job.

Pasan los siglos hasta que Dios envía a su hijo unigénito a habitar entre nosotros, y a mostrarnos de muchas formas y modos cuánto el Padre nos amaba, y como había provisto para que el hombre no se perdiera eternamente. Jesucristo -Dios encarnado- escogió a 12 discípulos para que participaran con Él en esa obra de redención. Con Él anduvieron por tres años. Le conocieron muy de cerca ...pero no todos le seguían con limpio corazón; y así vemos como uno de los doce, se aparta de la misión para la cual había sido llamado, y por 30 monedas de plata le entrega a aquellos que habían de vituperarle y crucificarle.

La razón por la cual Judas lo hizo no está especificado en Los Evangelios: ¿fue por amor al dinero? ¿Fue porque en el fondo de su alma no creía que Jesús era el Mesías prometido, a pesar de los milagros, de las profecías cumplidas, del contacto directo y diario con El Señor? ¿Fue acaso porque estaba loco, porque era demasiado el peso de no "encajar" en aquel grupo, y se llenó de resentimiento y amargura? ¿Cómo fue posible que en un acto de supremo cinismo escogiera besarlo para entregarlo? ¿Por qué fue luego y devolvió el dinero manchado por la sangre inocente que se vertería? ¿Por qué se ahorcó si ya había logrado su cometido? Todas estas interrogantes son válidas, pero ninguna de las posibles respuestas disminuiría el hecho de que Judas entregó a Jesucristo.

En nuestra vida diaria sabemos que tenemos que ducharnos, que recoger y botar los desperdicios, que cerrar con llave nuestras casas para que no puedan entrar personas indeseadas o peligrosas. Sabemos que tenemos que comprar los alimentos, prepararlos e ingerirlos para preservar la vida. Sabemos que tenemos que pagar las cuentas del teléfono, la luz, el agua. Sabemos que tenemos que arreglar el techo o las ventanas si están defectuosos, cortar el césped, etc. pero cuando se nos presenta una situación de otra índole, como ésta que hoy tratamos, entonces lo dejamos todo a Dios. Y yo me atrevería a decir que más que por fe, lo hacemos por inercia, por apatía, porque pensamos que eso nunca nos va a tocar a nosotros directamente, y por lo tanto podemos darnos el lujo de no luchar, de no sacrificarnos, de ser espectadores en vez de actores en esa tragicomedia que es la vida. ¡y NO, hermanos, erráis si tal cosa hacéis! La política, la religión, el trabajo, todas son cosas humanas que demandan soluciones humanas. Dios hará su voluntad cuando a Él le plazca. Nosotros no tenemos medios de saber ese dato, y por lo tanto tenemos que usar las herramientas que Él nos ha dado: La inteligencia, la diligencia, la perseverancia, la fe, el amor, y actuar como si todo dependiera de nosotros aunque sabemos que sin Él nada podemos hacer.

Aunque estoy ciento por ciento opuesto a que se le otorgue ningún tipo de privilegio a grupos de esta índole, no me opongo, y hasta simpatizo con la idea, de que un ciudadano no puede ser discriminado en el trabajo, la vivienda, etc. basado solamente en su preferencia sexual. Si eso hiciéramos, entonces tendríamos que echar a un lado los que gustan de jugar la lotería, los que gustan de embriagarse, las personas que venden su cuerpo, etc. etc. lo que daría por resultado que la mayor parte de la sociedad tendría que ser rechazada, pues como dice el refrán: "aquí el que no corre, vuela". La Biblia misma lo dice: "todos a una pecaron, no hay bueno, NI UNO SOLO".

No soy enemigo de los homosexuales, como no soy enemigo de los cancerosos, o de los discapacitados, o los de los de poca inteligencia y torpeza moral...Una persona homosexual, es todavía una criatura de Dios; y nada me da a mí derecho para juzgarla: Dios es el juez de todos.

No conozco los designios de Dios. Él será quien ponga fin no solo a esto, sino a todo lo malo que existe en el mundo, pero pienso que es bíblico, que Dios usó muchas veces a sus siervos para hacer su voluntad. Dios abrió el Mar Rojo, pero Moisés guió a los hebreos por el desierto por 40 años, antes de llegar a la Tierra Prometida. Dios podía haberlos levantado en una nube y ponerlos en donde quisiera, pero no lo hizo. Dios no es nuestro servidor, sino nuestro Señor. A Él toca decidir si la obra la hace Él o nosotros; y mientras tanto, nosotros tenemos que hacer lo que pensamos es nuestro deber.

El intento no es "purificar la iglesia" sino evitar que sea tanta la putrefacción dentro de ella, que venga a ser puesta por escarnio de los hombres, y el nombre de Dios sea vituperado. La iglesia en estos momentos podría comparase con un edificio que tiene algunas ventanas rotas, que los jardineros no hacen un trabajo minucioso, que la pintura está un poco vieja y salpicada de lodo y que sus columnas, sus bancos y aun su altar, tienen termitas: Lo primordial es combatir las termitas; luego se podrá pintar de nuevo, cortar el césped, reparar las ventanas rotas...

Pensar que lo que sucede en el seno de otra denominación o fuera de la iglesia que pastoreamos, no nos afecta o incumbe, sería un razonamiento poco sabio e lógico: el SIDA se cree que comenzó en África, pero ha tomado miles de vidas en América. El virus del flu se desarrolla anualmente en China, pero mata a miles de personas en todas partes de la tierra. El comunismo nació en Rusia ¡y por poco se apodera del mundo!

Así pudiéramos citar cientos de ejemplos, pero sabemos que no es necesario. Todos reconocemos que con el desarrollo de la informática, la rapidez de la transportación, etc. el mundo se ha hecho pequeño, y por consiguiente hay una interrelación tan dinámica entre todos los pueblos de la tierra, que no hay nada que nos sea ajeno.

Digo estas cosas por el bien de todos y en defensa de la fe judeo-cristiana. Su cooperación es necesaria y vital. Nosotros somos "la luz del mundo" y "no se enciende una lámpara y se pone debajo de un almud". Nosotros somos "la sal de la tierra" pero si nos desvanecemos no servimos más que para ser "echados en el suelo y hoyados de los hombres". Todos tenemos una responsabilidad con todos. No basta con predicar a Cristo, hay que estar con Él en espíritu y en verdad, de otra forma, El nos aplicará la sentencia que ya dictó: "apartaos de mi hacedores de maldad". "No os conozco".

Las noticias, casi diarias, son alarmantes: miles de niños violados, no por los desamparados que deambulan por las calles, no por extraños de mentes extraviadas, no por los adictos a las drogas alucinógenas, sino por aquellos que han hecho votos de castidad: hasta de ni aun tocar una mujer. O por aquellos otros que, por la fe que dicen profesar, y por su profesión de "cuidar de las ovejas", tienen acceso privilegiado al niño inocente, a la mujer desesperada o al joven falto de experiencia y en crisis de identidad. Y esos señores –fariseos modernos- anteponen a sus nombres títulos nobiliarios sugestivos de una gran entrega y una gran responsabilidad: Monseñor, Reverendo, pastor, Guía…

No nos dejemos engañar: hay muchos -la mayoría de los que ostentan esos títulos, que en verdad los merecen, porque han dedicado sus vidas y energías al servicio de Dios y de los hombres. Pero hay otros, que se han multiplicado en nuestros días como la hierba mala, que se escudan detrás del honroso título para tener acceso directo y fácil a la presa que codician. Y nosotros, los que sin ser pastores, o siendo pastores, nos percatamos de atrocidad tal, no debemos, y no podemos quedarnos con los brazos cruzados, porque el silencio ante lo malo es complicidad, porque una cosa es tolerancia, y otra muy distinta es complacencia y voto que aprueba y apoya.

La iglesia cristiana, la verdadera iglesia cristiana, y aun la religión judaica, no puede continuar indiferente o vacilante ante este reto que nos imponen los falsos "hermanos en la fe". Cristo mismo lo dijo: "El que conmigo no recoge, desparrama". También dijo: "el que quiera seguir en pos de mi, niéguese a sí mismo, tome su cruz cada día y sígame". Dijo aún más: "mi madre y mis hermanos son aquellos que hacen la voluntad de mi Padre". Y más: "Ninguno puede servir a dos señores". También nos exhortó: "Guardaos de los falsos profetas que vienen a vosotros con vestidos de ovejas, pero por dentro son lobos rapaces" y "por sus frutos los conoceréis". Y más: "No todo el que me dice Señor, Señor, entrará en el reino de los cielos, sino el que hace la voluntad de mi Padre que está en los cielos". Dijo además: "¿No habéis leído que el que los hizo al principio, varón y hembra los creó? Por esto el hombre dejará a su padre y a su madre, y se unirá a su mujer".

No pretendo erigirme en juez de los gustos y las decisiones de los demás, porque eso también está prohibido en La Biblia: "No juzguéis para que no seáis juzgados, porque con la misma vara que midáis os volverán a medir".

No es cuestión de emitir juicios y menospreciar a los que no se acomoden a cierto patrón de conducta. Es cuestión de supervivencia, de defender la fe que nos sustenta, de no ser pasivos espectadores de una revolución de consecuencias apocalípticas; de no perder la perspectiva que nos infundió nuestro Señor Jesucristo. Porque ya lo dijo el apóstol Pablo: "No os engañéis, Dios no puede ser burlado, que todo lo que el hombre sembrare, eso también segará. Porque si sembrare para el espíritu, del espíritu segará vida eterna, pero si sembrare para la carne, de la carne segará corrupción".

Mi corazón no alberga odio, ni aun desprecio, para los que practican el homosexualismo, pues pienso que cada persona tiene el derecho de tomar decisiones que afecten su cuerpo y su vida en general; aunque yo concibo la libertad, como "el derecho que tiene cada individuo a ejercerse a sí mismo sin menoscabo de los demás".

Pero resulta que una casa sucia, desarreglada y mal oliente afecta toda una cuadra y hasta un vecindario; por lo tanto, aunque el individuo tiene el derecho de vivir su propia vida, no está exento a las regulaciones higiénicas y de otra índole que existan en la comunidad. De la misma manera, y por la misma lógica, un individuo no puede ejercer el tipo de vida que quiera, si en dicho ejercicio afecta adversamente los intereses y necesidades de otros individuos.

Recuerdo que hace varias décadas, en Cuba, mi patria, un pastor me contaba la historia de un homosexual que vino a su iglesia, y como él -el pastor-, lo había enfrentado y expulsado de allí. A mí no me agradó aquella historia, y me di cuenta que estaba ante un individuo recalcitrante y equivocado; porque Cristo vino al mundo a salvar a los pecadores, y ninguno de nosotros debe de ser alejado de la casa de Dios. Ahora bien, "una cosa es con guitarra y otra es con violín" -como dice el refrán- y así como me pareció fuera de lugar y falto de amor el acto del pastor referido, así me parece hoy de inaceptable, irrespetuoso, y destructivo que aquellos que profesan amar a Dios y representarlo aquí en la tierra, se aventuren a querer institucionalizar un tipo de conducta expresamente reprobado en la Biblia, como lo expresa el apóstol Pablo en la Carta a los Romanos, capítulo 1:26-28 donde dice textualmente: "Por esto Dios los entregó a pasiones vergonzosas, pues aún sus mujeres, cambiaron el uso natural por lo que es contra naturaleza. Y de igual modo también los hombres, dejando el uso natural de la mujer, se encendieron en su lascivia unos con otros, cometiendo hechos vergonzosos hombres con hombres, y recibiendo en sí mismos la retribución debida a su extravío. Y como ellos no aprobaron tener en cuenta a Dios, Dios los entregó a una mente reprobada para hacer cosas que no convienen".

Sería injusto y falto de entendimiento aborrecer a quien padece cáncer, por ejemplo, pero creo que todos queremos ver el cáncer desaparecer de este mundo. Esa es la actitud que debemos tener con los hermanos homosexuales, que por demás, pueden ser personas amables, nobles, inteligentes, etc.

CREDO DEL BUEN CRISTIANO

• Creemos en el amor, y que el amor todo lo puede: Dios es amor.

•Creemos en la verdad, y que la verdad nos hará verdaderamente libres: Dios es la verdad

• Creemos que los que creen en Cristo, creen en su palabra, y que el que cree en su palabra, la respeta y obedece: La Biblia es palabra de Dios.

•Creemos que el silencio y la pasividad ante las cosas que no deben hacerse, resulta en apoyo y complicidad.

• Creemos que la unidad de propósito debe conducir a la unidad del trabajo; y que la unión del propósito, el trabajo y el amor, logran el triunfo, seguro.

•Creemos que es bueno ser paciente, pero es deshonesto ser indiferente ante las situaciones riesgosas; y que es deber de todos preocuparnos por el bien de todos y trabajar por ello y para ello.

• Creemos que quien no coopera para el avance y afianzamiento del bien, es ya de hecho un soldado de las tinieblas, -aunque pensamos que, mediante el consejo persuasivo, esa persona puede llegar a ser nuestro aliado y entrañable amigo y coadjutor- por eso, no menospreciamos a nadie.

• Creemos que cada luz que se enciende es un soldado que pierde el ejército de las tinieblas. Razón por la cual no maldecimos las tinieblas, sino que encendemos luces, y a fuerza de luz, las combatimos.

• Creemos que una cosa es "tolerancia" y otra cosa distinta es "complacencia": No nos complacemos en el pecado, ya sea el nuestro o el ajeno, y luchamos para impedir su crecimiento e institucionalización en cualquiera de sus formas.

• Creemos que unirnos es fortalecernos, y que la unidad en Cristo nos hará más felices y realizados.

• Creemos que si no combatimos lo que sabemos que Dios reprueba, nosotros mismos vamos a ser reprobados y hallados falsos discípulos del Señor.

<>

HIMNO MOVICRISTI

¡Oh, hermanos cristianos unidos,

al maligno podemos vencer!

//No es tan solo por ti,

ni tan solo por mí

que esta obra debemos hacer.//

De victoria en victoria marchemos
derrotando al pecado traidor,
//proclamando a Jesús
nuestro rey que en la cruz
por salvarnos su sangre vertió//

¡Basta ya de indolente apatía!
Seamos, ¡sí! de este mundo la sal.
//El avance estorbad
del pecado tenaz,
¡no cedamos el paso a Belial!//

¡Oh, hermano cristiano adelante!
aleluyas cantando con fe,
//no temáis a sufrir
pues podemos decir
que "el triunfo al final nuestro es"//.

El Erial

Cuentan que una vez, aunque en un tiempo no muy lejano, había un hombre, que estando siempre muy ocupado con sus libros, sus artículos sobre política, sus reuniones, sus homenajes a otros hombres que él admiraba -ya sea por su intelecto, su simpatía, o su bondad- decidió un día que para salir a ratos de ese mundo "intelectual" había que hacer cosas físicas, ya que como él mismo lo expresaba: "Hay que estar en perenne contacto con la naturaleza, pues el hombre que vive sólo de las letras, se embrutece".

Ese hombre salió al patio de su casa un día, buscó la parte más árida y más fea, y se dijo: "Yo habré de convertir este erial en algo hermoso y llamativo, que me dé goce a mí mismo, pero también a otros" –pues él pensaba que lo bello y lo bueno debe de ser compartido con el prójimo, y que el dolor propio y las quejas deben guardarse, no para rumiarlas y hacerlas más dolorosas, sino para evitarle a los demás la pena de compartirlas-.

¡Quién que viera aquel lugar que él ahora miraba, hubiera podido imaginarse que en unas pocas semanas, y con una pequeña inversión de tiempo y trabajo, la transformación sería tan estruendosamente grande, y que haría sonreír y gozar a muchas gentes!: ¡pero así sucedió! porque si una cosa segura hay en la vida es que las energías bien empleadas y bien dirigidas, crean siempre cosas que ayudan al crecimiento del mundo.

¡Cuántas cosas pequeñas han resultado ser grandes! Es más: casi siempre morimos por virus, por bacterias, por cosas que en sí mismas son pequeñas, pero que cuando se juntan, como el átomo que forma la bomba atómica, producen resultados fantásticos. Y así es el trabajo, la idea, y el tiempo, que cuando se juntan las horas de labor físico, o se ordenan y sintetizan las ideas, son formidables los logros, pues como lo expresara genialmente en pocas palabras Robert Schuller -un predicador muy eminente- "Cualquier tonto puede contar las semillas que tiene una manzana, pero solo Dios sabe las manzanas que hay en una semilla"

Nunca subestiméis lo que logra la constancia, la fe, y la esperanza. Por algo el refrán dice: "Lo último que se debe perder es la esperanza. Pero la esperanza no debe ser cosa de ilusos o soñadores empedernidos, sino que es el elemento esencial para el creador; para los que como el hombre de nuestra historia, ven un erial y lo riegan con abundante agua, remueven la tierra, desarraigan las malas yerbas, y plantan la semilla, la abonan, la protegen con insecticida...porque parece que en este mundo en dondequiera que hay algo bueno, hay también algo malo que conspira contra eso; y el triunfo llega más rápido y seguro cuando va acompañado de la prudencia. Una persona prudente vale por dos, y una persona prudente, con fe, esperanza, y diligencia, vale por dos millones de perezosos que no hacen más que consumir y vivir al amparo de los que crean, de los que ven más allá del pétalo de la flor el almíbar y el polen que contienen.

Yo me quito el sombrero ante todo creador: un poeta, que pone palabras en las emociones; un pintor, que con sus trazos da vida propia y visible a lo que el alma capta; un escultor, que de la piedra rústica hace brotar una Venus maravillosa; un compositor musical que pone melodía exquisita a un conjunto de palabras que pueden no tener gran trascendencias en sí mismas...Expresiones todas del arte; pero sobre las dimensiones inconmensurables de éste, está el espíritu de la vida, que no es otra cosa que energía en acción y la energía en acción, si es encausada por los canales positivos, siempre finaliza en creación. Por eso tenemos los altos edificios, los aviones supersónicos, las máquinas que detectan un problema físico antes de que el afectado aun perciba los síntomas, libros imperecederos como El Quijote, y miríadas de libros menos famosos, pero con elocuencia testiguan que el autor no se satisfacía con experimentar ciertas emociones, sino que sentía como una "necesidad" de concretarlas en palabras, frases, párrafos y páginas. y entregarlas al mundo en esa maravillosa armazón que llamamos libro, periódico, o revista.

No sé en cual punto me encuentro en la escala de los creadores, ni realmente me preocupa, pero no ha sido buscando fama, ni a la caza de dinero, ni porque no encuentre otra cosa interesante que hacer, sino porque veo la necesidad de abrir caminos o ensancharlos. Siento que, si tengo la energía y ciertas cualidades que aunque no me garanticen el éxito, tampoco me condenan de antemano al fracaso, es mi deber intentar, con la mayor diligencia y seriedad posible, hacer aquellos que entiendo que debe hacerse, y que en este caso específico, fue crear una revista literaria donde cientos y tal vez miles –y con el tiempo quizás decenas de miles de almas y cerebros sensitivos, puedan hallar un punto de referencia y apoyo, un vehículo idóneo para decir lo que desean decir, o mostrar lo que quieran mostrar.

¡Cuánto poema bello no hemos leído! ¡Cuántas tiernas canciones no hemos escuchado!¡Cuántas pinturas hermosas nunca hemos visto! porque su creador no tenía los medios económicos para sacarlas de su escritorio…Y eso duele, y duele sobre todo a aquellos que tenemos exacerbada la capacidad de apreciarlos. Pero el dolor no debe servir de excusa para la pereza, ni la pereza debe convertirse en amante de la queja. El hombre que no logra, es casi un feto abortado, porque no logra su verdadera misión en la vida.

CREDO DEL HOMBRE HONRADO

- Creo en el amor, y que el amor todo lo puede.

- Creo en la verdad, y que la verdad "nos pondrá la toga viril" y nos llevará de la mano al triunfo y al bien.

- Creo en la justicia; porque sin justicia no hay paz, y sin la paz cualquier logro social es efímero y vano.

- Creo que "Libertad es el derecho que toda persona tiene a expresarse a sí misma sin menoscabo de las demás". Y que en Cuba, ese derecho está coartado, y es considerado ilegal y contrarrevolucionario.

- Creo que "ver un crimen en silencio es cometerlo" como lo expresara Martí.

- Creo que la unidad de propósito conduce a la unidad del trabajo; y que la unión del propósito y el trabajo logran el triunfo, seguro.

- Creo que es bueno ser paciente, pero que es deshonesto ser indiferente, y que es deber de todos preocuparnos por el bien de todos y trabajar por ello y para ello.

- Creo que el que no coopera para el afianzamiento del mal, es ya de hecho aunque limitado y pobrísimo, un soldado del bien, y que se le debe tratar con respeto y darle nuestra mano de hermano y amigo.

- Creo que quien coopera activamente con el enemigo, no importa por qué lógica, motivo o causa, es parte integrante del enemigo y por lo tanto debe tratársele con cautela y jamás entregarle nuestras llaves ni confiarle nuestros puentes.

• Creo que la acumulación de poderes extraordinarios en un hombre o en un grupo de hombres, con exclusión de la vasta mayoría de la ciudadanía, es un atentado monstruoso contra la libertad, la justicia, y los derechos humanos de cada individuo, porque coarta la participación activa del ciudadano en el destino propio y en el de su patria.

• Creo que la reciente designación de "intocable" del sistema que desgobierna a la nación cubana, es un acto ridículo e intolerable de intentar perpetuar en el poder, como soberanos, a un cierto número de individuos que nunca fueron ni siquiera elegidos democráticamente para desempeñar los cargos que usufructúan, y que ese grupo de individuos mantiene ideas que son contrarias a las costumbres y la conciencia nacional.

• Creo que 55 años de poder absoluto de un hombre, por demás egocéntrico y aventurero, osado e irresponsable, que se ha preocupado exclusivamente por avanzar sus ideas de dominio -no solo dentro de La Isla, sino también en tierras lejanas y hasta desconocidas por las masas del pueblo cubano- ha impedido directamente a nuestra patria el desarrollo normal que se lograba antes del afianzamiento del castrismo; y ha retrasado, inclusive, la rueda de la historia, haciendo que la calidad de la vida del cubano de hoy, se asemeje más a los años coloniales, que a una nación que antes de 1959 estaba a la par de las más prósperas naciones del continente americano.

A MIS 78 AÑOS, SE BUENA TINTA QUE:

1-No todo se debe dar, ni todo se debe retener.

2-El amor, la libertad y la salud forman el abrumador por ciento del bienestar general de una persona, no la fortuna, la fama o el poder.

3-El que da se beneficia a sí mismo tanto como el que recibe.

4-La voluntad de "hacer" debe ser siempre mayor que la fuerza de la inercia o la desilusión.

5-Todo hombre grande, es grande por su obra, no por sus deseos o aspiraciones, por nobles que éstas puedan ser. Es más: El que aspira y no hace -o por lo menos intenta hacer- es un tullido moral.

6-Con quien te juntas frecuentemente, se hace parte de tu vida, lo quieras o no.

7-Hay cuatro tipos de personas, de las que debes cuidarte en esta vida: Los políticos, los vendedores, los poderosos y de los demagogos, porque ellos no te ven como eres, si no como el blanco de su conquista o peones de poder

8-Aunque uno dé la vida por alguien, todavía no hemos comprado su independencia y personalidad.

9-La vida entera es un proceso de aprendizaje, y que el que no aprende, lo paga muy caro.

10- La Ley de la Relatividad permea cada aspecto de nuestras vidas, queramoslo o no.

11- Quien se opone demasiado a algo, termina siendo vencido por lo mismo que intenta combatir, a menos que la oposición sea lógica, mesurada y compartida.

12-Que el mal camino, lleva al mal destino.

13-Que el que crea lo hace más por su goce interno, que por aquellos que habrán de beneficiarse de su obra.

<>

LOS ‘DERECHOS HUMANOS VS. LOS DEBERES HUMANOS.

En estos pasados días hemos oído hablar mucho, nos hemos reunido mucho, y hemos aplaudido mucho la grandiosa fecha de la proclamación de los Derechos Humanos por la ONU. Eso está muy bien, y ninguna persona digna debe pasar por alto tan significativa fecha sin pensar en aquellos a quienes, en todos los países del mundo, le han sido robados o arrebatado sus derechos; pero quiero manifestar que bastante poco se ha logrado en este viaje hacia ese objetivo. Y eso ocurre porque hacemos hincapié en una sola idea: LOS DERECHOS HUMANOS. Yo propongo que el próximo año, cada orador no olvide recalcar la noción de que también -y quizás sean hasta más efectivos- tenemos DEBERES INALIENABLES, y que al no cumplirlos, facilitan el caldo de cultivo para que los

Derechos Humanos sean quebrantados. ¿Cuáles son algunos de esos "Deberes inalienables"?

l-El deber de defender la justicia y acatarla.

2-El deber de no asociarnos con los que quebrantan los derechos humanos de nuestro prójimo, y conspiran contra los fundamentos mismos de la sociedad.

3-El deber de estar informados y ser cautos.

4-El deber de pensar en el bien común y no solo en los beneficios que derivemos nosotros particularmente de la acción o posición que tomemos.

5-El deber de ser todo lo mejor que podamos ser.

Y mientras no se recuerden a las masas estos deberes, al carro de la justicia social estará en una llanta, y por lo tanto su avance es lento y problemático-si acaso posible-

Para tener una idea plástica de esto, miremos el caso cubano, y el caso venezolano: Con exigir derechos, se alcanzará poco; cumpliendo con los deberes (y lo mejor de esto es que NO HAY NADA QUE PERDER) se logrará más.

ACROSTICO PROFÉTICO

Gibara, Cuba. 1964

F-unesto embajador del comunismo.

I- nflado como sapo y sanguinario.

D-uelo verás venir sobre ti mismo.

E-ncontrarás repudio a tu cinismo.

L-amentarás el brazo proletario

¡Cuánta indiferencia, Señor,
tienen los hombres para ti!
apenas si te miran, y
no con ojos de amor

Te miran cuando ven, pastor,
en sus caminos negro velo,
o cuando les dispensa el cielo
un anhelado gran favor:
¡perdónalos, señor,
porque no saben lo que hacen..!

MI ORACIÓN A DIOS.

- Señor, ayúdame a pensar más en cumplir mis deberes, que en exigir mis derechos.
- Dame fuerzas para trabajar por la paz, el amor y la justicia.
- No permitas ¡oh Dios! que me sienta cómodo entre los que se olvidan de ti, ni que teniendo lo necesario para vivir, me considere pobre o experimente envidia por aquel que ha recibido más.
- Fortalece mi espíritu, para poder socorrer a mi prójimo con su carga, y sobrellevar la mía con paciencia y aplomo.
- Dame caridad, aunque no me des riquezas.
- Dame paz interior para poder lidiar con las exigencias de un mundo convulso.
- Hazme ciego a las imperfecciones de mis amigos, pero ayúdame a reconocer las mías, y tratar de enmendarlas.
- Que mi sonrisa alumbre el camino del que me encuentre.

Que mi paz le fortifique; que mis palabras le consuelen, si sufre; le alienten, si espera; le orienten, si ha perdido el camino.

- Hazme hilo conductor por donde tu amor y tu verdad

fluyan; y que al partir de este mundo, todo aquel que conozca mi historia, pueda decir al pasar cerca de mi féretro: "He ahí un hombre que quiso ser bueno"

A JESUCRISTO

Yo sé que aún cuando todos
me olviden o desprecien.
solícito a mi lado
tú permancerás.
Yo sé qué si entristezco;
yo sé qué si me alegro;

yo sé qué en toda vida,
conmigo siempre estás.
Jesús, hermano mío:
¿Qué amores son los tuyos?
¿Amar cómo tú puedes
a todos por igual?
¡Tan grande fue tu pecho,
tan grande fue tu mente,
que a comprenderlos nunca
quizás podré aspirar!
¡Oh Cristo bendecido,
Mesías verdadero,
acércate a mi alma
cada minuto más;
envúelveme en tu manto
de amor y de victoria
¡y llévame en tus brazos
hacia la eternidad…!

MI ORACION NUEVA A DIOS

- Señor: Que de la avaricia, la apatía y la violencia ¡me salve tu clemencia!
- Enséñame a actuar, cuando hay que actuar; cesar cuando hay que cesar; y esperar cuando sea necesario, sin fastidio ni enojo.
- Guíame para ser lo mejor que puedo, sin vanidad o miedo.
- Ayúdame a no estar satisfecho con dar al mundo lo mínimo de mi bondad y responsabilidad.
- Que si llegara a la fama y el poder, los use para servir, no para servirme de ellos.
- Auméntame el buen juicio, y líbrame de prejuicios.
- Se mi sostén para distanciarme del mal, y enfrentar mi deber de combatirlo, siempre y en todo.
- Que mi vida, ¡oh, Dios! no esté centrada en los placeres, de 'aquí y 'ahora', sino en ti: lo eterno.

- Que sienta el deseo de compartir mis bienes, no mis males; que respete tu creación, y no la ofenda por acción u omisión.
- No permitas que olvide las tareas que me diste o las quiera descargar en mi prójimo.
- Líbrame de la congoja y el desaliento, para poder ser ejemplo de paz. Amén.

MI DESEO FINAL

Si yo muriera antes de la publicación de este libro, deseo que cada uno de los lectores sepa que este trabajo no fue hecho con intención de lucro. Mi vida entera está enfocada en hacer el bien, -después de obviamente, satisfacer las mínimas necesidades físicas y emocionales sin lo cual nadie puede dar algo valioso de sí-

Yo quiero que si me recuerdan, sea para con una sonrisa de satisfacción, repetir conmigo:

A mi nada me intimida:

ni la muerte ni la vida.

A mí solo me da miedo,

no hacer todo el bien que puedo.

Escuchar indiferente

ese "dame" de la gente

y sentirme recordado,

pero no por bien amado.

-Y creo que lo he logrado: No tengo memoria de ningún acto mío donde hice algo que hirió o rebajó a alguien profundamente; y si sucedió, no fue por mi intención ni mi hechura, ¡sino por su debilidad para enfrentar la vida como

Dios la creó! pues todo hombre/mujer tiene el deber de esforzarse en ser fuerte; porque el débil no sobrevive, siguiendo el proceso natural de la creación.

La creación no es una piedra inmóvil e impenetrable, si no una evolución constante que gravita hacia lo eterno. Somos como los electrones en el átomo, y el átomo en la molécula. Tenemos la libertad de movernos, pero solo hasta donde la naturaleza lo permite. Por eso es que cuando el hombre se sale de esa órbita trazada por Dios, los problemas se multiplican en razón directa a la lejanía de su ámbito y misión.

Quisiera vivir largos años: no para andar tras los platos deliciosos, o el confort mullido de la cama más suave y más amplia de mi entorno, sino para crear música, versos, libros que golpeen la cabeza del malo por oficio –no del pobre que se equivoca-.

Quisiera seguir por muchos años más plantando flores, y ayudando a la medida de mis fuerzas la causa del bien y la paz. ¡Qué el Señor me ayude!

Miami, Florida.

Octubre 24, 2014.

EPILOGO

Este libro es la historia y el sermón de mi vida. Si su impacto contigo ha sido positivo (el más pequeño peso puede inclinar la balanza ciertas veces), si he contribuido en lo más mínimo a tu labor de ascensión, si te hice meditar o reír, estaré satisfecho.

Si por el contrario, has hallado este libro insulso y vacío, si lamentas ahora el tiempo o el dinero invertido para obtenerlo y leerlo, ¡tuya es la responsabilidad de escribir uno tan hermoso como la brillantez de tu intelecto!, y yo te invito enfática e insistentemente a que no prives al mundo -incluyéndome a mí, por supuesto- de esa dádiva hermosa: ¡Juntémonos en el amor y el deseo de crear y servir!

Concluyo este libro con las palabras del Eclesiastés: "El fin de todo el discurso oído es este: Teme a Dios y guarda sus mandamientos, porque esto es el todo del hombre. Porque Dios traerá toda obra a juicio, el cual se hará sobre toda cosa oculta, buena o mala".

¡QUE LA PAZ SEA CONTIGO!

¡Consumatum est!

INDICE

SINTESIS DEL LIBRO

Este libro resume el pensamiento del autor en cuanto a la filosofía de la vida como se manifiesta en el amor, la religión, la política, la paz, la justicia, el deber, las relaciones interpersonales, la libertad, y otros tópicos.

Contiene, además, poesías románticas, a la madre, versos de temática variada, -que el autor ha señalado como "cápsulas filosóficas"- y una "declaración de principios", donde el autor condensa su filosofía política y humanista.